따뜻한 그늘

소리

책을 내면서

수필과의 은혼식

어느 해보다 잔인한 봄이었다. 꽃 같은 생명들을 감감한 바다로 보내고 남은 우리는 말을 잃었다. 살아있음의 죄스러움. 아무것도 할 수 없는 무기력함. 나오는 건 눈물과 미안함과 끝없는 분노다. 세월호 사건은 우리 모두에게서 많은 것을 앗아갔다. 우리를 반성하게 했고 모두의 자리를 뒤돌아보게 하였다. 결코 잊지 말아야 할 아픈 역사다.

왜 이럴 때 부질없이 수필집을 엮는지 회의 속에 봄날이 가버렸다. 이번 네 번째 수필집은 함께한 시간을 헤아려보니 은혼(銀婚)에 받은 반지 같은 것이다. 그와 동행하지 않았다면 내 삶이 얼마나 건조하고 영육이 곤고했을까. 가끔은 수필 안에서 누군가를 험담하고 질책하고 화풀이를 했지만 그게 다 사랑하기 때문이라고 생각한다. 수필은 내게 신앙이고 동행자이다. 내가 할 수 있는 회개이며 기도다.

아무튼 요즘은 욕심 부릴 일이 없어 편안하다. 나이 들어감은 세상에 대하여, 일에 대하여, 관계에 대하여 관대해지는 것이다. 여기까지, 거기까지만, 선을 그으며 살아가니 모든 게 고맙고 감사하다. 애정을 갖고 책을 만들어 준 소소리 출판사에 감사한다. 각자 제 자리에서 분수를 지키며 살아가는 세 남매와 간섭 없음이 애정이라 생각하는 그에게도 고맙다. 특히 표지와 본문 디자인에 힘써 준 막내딸에게도 고마운 마음을 전한다. 늘 내게 따뜻한 그늘이 되어주고 있는 어머니께 한량없는 감사함으로 수필집을 바친다.

2014년 유월의 어느 아침에

저자 송연희

차례

1장 따뜻한 그늘

고양이를 부탁해 · 13　벌 레 · 18　앞다리 고기 · 23
달빛 아래 사과를 묻다 · 28　그립다, 탄력 · 34
따뜻한 그늘 · 39　낮달 속의 낮 · 44　아내가 변했다 · 49

2장 사랑은 자전거를 타고

중산층 별곡 · 57　이웃집 은행나무 · 63
사랑은 자전거를 타고 · 66　부드러워지는 연습 · 72
나를 분갈이 하고 싶다 · 77　내 안의 그물 · 80
찔끔 男 버럭 女 · 84　여인과 구두 · 88

3장 기다리는 여자

청춘 같은 거 필요 없어요·95　　기다리는 여자·100
어머니의 우물·107　　지팡이의 웃음·111　　나이가 뭐!·116
귀가 얇아서·122　　고구마 전설·127　　실없는 저녁·132

4장 친정 엄마

봄은 콧등을 깬다·139　손님도 손님 나름·143
친정엄마·147　이상한 하루·151　방파제의 아침·157
가을 속에 들다·162　큰이모·166　다이아몬드 브릿지·172

5장 웃어주는 일

아미월(蛾眉月)·179   시인의 아내·184

웃어주는 일·189   고단한 섬·194   덕분입니다·197

열세 살 인생·200   짚단 썰매·205   염소를 모는 아이·208

김천 찍고·212   어느 날 도둑처럼·217

1장
따뜻한 그늘

고양이를 부탁해

 도시의 이웃은 알 수가 없다. 아침 일찍부터 골목 안이 어수선하다. 뒷집 할머니가 집수리공사를 시작한다고 한다. 1층의 세 가구가 다 떠난 모양이다. 까맣게 모르고 있었다.
 뒷집 1층에 노처녀가 살았다. 가끔 아버지나 남동생이 다녀가는 눈치였지만 거의 혼자 지내는 듯했다. 그녀의 감색 물방개차 뒷좌석에는 늘 피아노 교본이나 개의 사료 같은 것이 실려 있곤 했다. 그녀는 개를 길렀다. 한 마리도 아니고 서너 마리를 키웠는데 회색 털에 꼬리가 뭉텅한, 그리 흔하지 않은 품종이었다.
 뒷집 개들은 그녀가 외출하고 나면 현관에 붙어 서서 바깥 동정에만 신경을 쓰는 듯했다. 내가 밖에서 돌아와 이층

계단을 오르면 유리문을 박박 긁으며 합창으로 짖어 되었다. 개는 영특한 동물이라 주인의 발자국 소리쯤은 구별한다는데 뒷집 개들은 그렇지도 않은 듯했다. 한낮의 고요함을 깨고 택배 기사라도 올라치면 개들은 '여기요, 이 집이요' 하듯 와르르 짖어댔다. 이웃 사람들의 불평이 수시로 터져 나왔고, 그 화살은 고스란히 주인집 할머니한테로 돌아갔다.

그녀는 피아노 레슨을 한다고 했다. 이웃에 그녀와 이야기를 하고 지내는 사람은 거의 없는 듯했다. 그녀와 나는 가끔 담벼락을 사이에 두고 얘기를 나눴다. 날씨가 좋아 빨래가 잘 마른다든가, 비가 올 것 같다든가, 요즘 어떤 영화가 재미있다든가 하는 아주 일상적인 대화였다. 집 밖에서도 종종 덩치 큰 개를 안고 다니는 그녀와 마주치곤 하였다.

어느 날, 빨래를 걷고 있는데 고양이 소리가 들렸다. 고양이는 아가씨가 살고 있는 현관을 쳐다보며 울었다. 잠시 후 그녀가 먹을 것을 들고 나왔다.

"왔니? 잘 지냈어?"

"냐옹~"

그녀는 접시를 고양이 앞에 놓았다. 고양이는 핼끔거리며 접시에 담긴 것을 다 먹었다. 그들의 행동으로 봐서 어제 오늘 일이 아닌 듯했다. 윤기 흐르는 갈색 털에 다갈색의 구슬 같은 눈. 어쩌다 마주치면 동그란 눈으로 슬쩍 곁눈질 하며 경계를 늦추지 않던 놈이 아가씨랑은 친해 보였다. 간혹 뒷집 담장 위에서 무료하니 햇볕을 쬐거나, 화단 귀퉁이에서 선하품을 하며 졸고 있던 게 다 이유가 있었구나 싶었다.

 뒷집 공사는 끝날 기미가 보이지 않는데 연이틀 비가 왔다. 밖에 나갔다가 돌아오니 음식물을 담아둔 쓰레기통의 뚜껑이 열려 있고 주변에 찌꺼기가 흩어져 있었다. 고양이의 소행이 분명했다. 이런 밉살맞은 고양이를 봤나. 눈에 띄면 당장 우산대로 한 대 패주고 싶었다. 단단히 뚜껑을 닫았다. 미덥지 못하여 커다란 돌멩이를 그 위에 묵직하니 올려놓았다.

 두어 달이 지나서야 공사는 끝이 났다. 새로 바꿔 단 현관문은 새뜻하고, 빨간 번호키는 도드라졌다. 거무튀튀하던 마당도 새로 시멘트를 바르니 훤하다. 내가 묻지도 않았는데 할머니는 공사비가 많이 추가되었다고 말씀하신다. 무엇보다 개 짖는 소리가 나지 않아 살 것 같다고. 사람 내보내는 게 쉽지 않더라는 말도 덧붙인다.

 하루는 마트에서 나오는 그녀와 마주쳤다. 커다란 개 사료를 가슴에 안고 있었다. 쿡 하고 웃음이 나왔다. 그녀가 자판기 커피를 사왔다. 그녀의 물방개차 안엔 예의 개들이 밖을 내다보며 차 유리를 박박 긁어 댔다. '여전하군' 속으로 그런 생각을 하며 그녀를 쳐다봤다.

"고양이가 며칠을 서성거립디다."

커피를 한 모금 마시다 말고 불쑥 그녀에게 고양이의 안부를 전했다. 카트 수십 개를 연결하여 밀고 가는 청년의 목덜미가 땀으로 번들거리는 게 보였다. 사람들은 연신 빈손으로 들어갔다가 물건들을 사서 밖으로 나왔다. 한참 먼 하늘을 바라보는 그녀의 모습에서 어떤 애잔함 같은 것이 묻어났다. 잠시 동안 침묵이 흐르고, 그녀가 천천히 내게로 얼굴을 돌렸다. 촉촉이 젖은 두 눈. '꿀꺽' 하고 커피가 목 안으로 넘어갔다. 어색한 분위기를 깨고 뜬금없이 내 입에서 튀어나온 말이란, "내가 가끔 먹이를 주지요"

음식 쓰레기통 뚜껑을 단단히 닫아버린 순간을 잊은 듯 거짓말이 나왔다. 아마 그녀의 '젖은 눈' 때문이었던 것 같다. 그동안 마치 내가 고양이에게 먹이를 줬던 것처럼, 그러면서 이제는 꼼짝 없이 그 놈에게 먹이를 줘야한다는 생각을 하고 있었다.

거짓말을 해놓고 괜히 미안한 마음이 들었다. 그녀에게 미안한 건지 고양이에게 미안한 건지, 어쩌면 거짓말을 하는 내게 미안한 것 같기도 했다. 그녀가 그런 내 마음을 읽기라도 했는지 이사할 때 인사를 못 하고 와서 미안하다고 했다.

나는 그냥 고개를 끄덕였다. 어쩌면 도시의 이웃이 그런저런 예의를 차리고 말고 할 것도 없지 않느냐고 말하려다 그만두었다.

우린 서로가 조금은 섭섭한 미소를 지으며 헤어졌다. 개들이 짖으며 차 유리를 긁어대니 더 있을 수도 없었고 더 할 말도 없었다. 몇 발자국 가다가 그녀가 뒤돌아봤다. 그녀의 눈이 '고양이를 부탁해요' 하고 말하는 듯했다.

벌 레

　배낭을 멘 남자가 전철 안으로 들어온다. 배낭이 불룩한 걸 보니 산나물이라도 들어 있나 보다. 등산화에 먼지가 뽀얀 걸로 봐서 어디 먼 산을 갔다 온 것 같다. 그가 바짓단에서 뭔가를 툭 털어낸다. 전철 바닥에 떨어진 건 마른 검불 몇 개와 검은 빛을 띤 작은 벌레다. 어쩌다 이곳까지 온, 털이 송송한 벌레는 죽은 듯 가만히 있다.
　벌레에게서 시선을 뗄 수가 없다. 눈이 심심하던 차에 볼거리 하나가 생긴 셈이다. 벌레는 이제 정신을 차렸는지 조금씩 움직이기 시작한다. 고개를 들고 조금 기어가다가 신발이 지나 갈 땐 고개를 움츠리는 것 같다. 금방이라도 누군가의 발밑에서 죽을 것 같은 생과사의 절박한 기운이 눈앞에서 벌어지고 있다. 그러나 그런 불상사는 일어날 것 같지 않다. 위험을 감지하는 안테나가 놈에겐 있는지 커다란 신발도 슬쩍 피하고 뾰족한 하이힐도 스치듯 지나간다. 놈은 일보 전진하다가 우로 방향을 틀고 멈췄다가 다시 기어간다.

  남자가 배낭을 메고 일어난다. 죄 없는 생명 하나를 데려와 미아를 만들어놓고 가버린다. 전철 안의 누구도 사투를 벌이는 벌레 따위엔 관심이 없다. 나만 놈을 주시하고 있다. 놈이 저토록 온 후각을 동원하여 필사의 탈출을 시도할 때, 내가 조금만 아량을 베푼다면 녀석은 이 위험에서 빠져 나갈 수 있다. 그러나 전혀 그럴 마음이 없다. 나는 지금 철저히 방관자일 뿐이다.

  내가 삶이라는 전철 안에서 절박하게 사는 동안 아무도 내게 관심을 보이지 않던 것처럼 지금의 나도 그렇다. 어쩌면 지금의 내 모습 또한 누군가는 관찰하고 있을지 모르겠다. 내가 생존을 위해 안간힘을 쓸 때, 그 누군가도 내게 응원을 보내며 용을 쓰고 있었을까. 내가 위험에서 녀석을 구해주진 않으면서 살아서 이 공간을 빠져나가길 비는 것처럼 말이다.

  이윽고 놈은 이제 방향을 바꾸려는 몸짓을 한다. 풀 냄새 비슷한 걸 맡았는지, 나뭇가지를 타고 오르던 기억을 떠올렸는지 머리를 한껏 치어든다. 놈은 운동화가 풀빛을 닮은 아가씨의 신발을 오르기 시작한다. 고물고물 오르는 모습이 기특하다. 절벽이나 다름없는 수직의 공간에서 떨어질까 싶어 괜히 마음이 조마조마하다. 잠깐 전철역을 일별하는 사이에 놈이 모습을 감춰버렸다. 운동화 끈이 있는 곳으로 파고들어 코를 박고 있는 모양이다.

운동화가 일어나 나간다. 그 자리에 아무것도 없다. 놈도 함께 나갔나 보다. 하여간 녀석은 대단하다. 신발들이 난무하는 전철바닥에서 십 여분을 버티다가 밖으로 나간 걸 보면 말이다. 놈에게 오늘은 새로운 세계를 경험한 운수 좋은 날이었으면 좋겠다. 구사일생으로 제가 살던 풀숲으로 돌아간다면 참으로 할 말이 많을 것이다.

가끔은 나도 이 변변찮고 시큼털털한 세상을 벗어나고 싶을 때가 있다. 그것이 설령 지리멸렬한 삶에 종지부를 찍을 사건이면 어떤가. 죽을 만큼 누군가를 사랑한 기억도, 아프게 끌어안고 싶은 어떤 것도 없는 밋밋한 삶에, 번쩍하고 들이댈 비수 같은 거 하나 덜컥 내 그물에 걸렸으면 좋겠다.

오늘 밤 그놈은 무사히 밤이슬 내린 길섶에라도 기어들었을까. 지금쯤 녀석이 반짝이는 별을 보며 오늘 참 많은 것을 구경했다고, 전철 안에서도 살아서 돌아왔다고 홀로 낄낄거리고 있으면 좋겠다. 온갖 무서움과 갖은 어려움을 겪으며 어른이 되어 한 가정의 가장이 되고, 새끼를 낳아 기르며 그 새끼 때문에 웃기도 하고 가슴도 쳐가며 살아가야 하지 않을까. 인간 세상이나 미물들의 삶이나 살아가는 모양새는 크게 다르지 않을 테니 말이다.

 어찌 보면 나도 벌레 같다. 조금 전 벌레가 멋모르고 전철 안으로 들어왔듯이, 나도 지금 아무것도 모르는 채로 어딘가로 가고 있는 중이다. 오늘 벌레가 당한 것처럼 위험에 처했을 때가 어디 한두 번이었던가. 달콤한 향기에 취하여 손을 내밀다 가시에 찔리고, 잔잔한 바다인가 하고 발을 디뎠다 빠지기도 했다. 세상은 나를 패대기치기도 하고 과하게 상금을 주기도 하였다.

 살다보니 이제 내게도 배짱이라는 것이 생겼다. 하다가 안 되면 그만 두면 되고. 미련이 남은 건 다시 시작하면 되고. 이 나이 되어 생각해보니 삶은 고민하고 끙끙거리며 끌어안고 있다고 해결되는 것이 아니다. 내려놓고 털어버리고 내 안에서 내보내고 그러면서 단순하게 살아가는 것이다. 죽을 것처럼 힘들어했던 그런 날들도 다 지나가는 소나기 같은 거였다. 소나기는 잠시 피하면 되는 것을 그때는 무슨 고집으로 다 맞으려고 했는지, 그게 다 젊은 탓이었을 것이다.

언제쯤 나는 이곳에서 내리게 될까. 운동화가 그놈을 데리고 갔듯이 나도 누군가가 데리고 갈까. 처음 내가 왔던 곳으로 돌아가면 나는 뭐라고 이곳을 얘기할 수 있을까. 즐거운 여행이었다고 후회 없는 삶이었다고 말할 수 있을 것인가. 언제쯤이 될지 모르지만 조금 전 그 놈처럼 그때까지 잘 버틸지 모르겠다.

앞다리 고기

저녁비가 술을 부른다. 내 마음이 아니고 그의 눈빛이 그렇다. 술꾼이랑 오래 살다보니 술이 당기는 날을 대충 짐작한다. 정구지에 풋고추를 썰어 넣고 매콤하니 전을 부친다. 이런 날은 막걸리가 제격이다.

그를 보면 술의 선호도도 나이에 따라 변하는 것 같다. 모든 것이 팽팽했던 젊은 시절엔 소주를 좋아했다. 술은 화끈하게 취하는 맛에 마시는 거라고 했다. 아내도 소주 같기를 바라는 눈치였지만, 나는 매사가 늘 김빠진 맥주처럼 덤덤한 여자였다.

요즘 그는 막걸리를 마신다. 워낙 술을 좋아하다 보니 별의별 과일주를 다 만들어 그동안 마셔왔다. 짧게는 석 달에서 수년도 더 넘게 숙성시켜 공들인 술을, 번번이 주당(酒黨)들을 몰고 와서 바닥을 내는 바람에 요즘은 아예 담그지 않는다. 그도 이제는 술이 버거운지 채근도 하지 않고 나름 순한 막걸리를 곡주라며 즐긴다. 술의 섭렵시대가 정착하는 느낌이다.

남편은 유난히 육식을 즐긴다. 고기라면 종류를 가리지 않는 편이다. 특히 돼지고기 목살을 좋아한다. 아이들도 아버지 식성을 닮았다. 세 아이가 중고등학교를 다닐 땐, 한 번 먹으려면 한두 근은 붙일 데가 없어 대 여섯 근은 구워야했다. 그럴 때면 상추도 큰 소쿠리 가득 씻어놓았다. 그는 상추도 잎이 좀 빳빳하니 붉은 빛을 띠는 조선상추를 좋아하고 대궁도 툭툭 분질러 막장에 찍어먹는다. 그때는 아이들이 한창 클 때라 그랬는지, 움이 달아 그랬는지 구워내기가 바쁘게 없어졌다. 내 입에 들어오려면 식구들이 어지간히 배를 채우고 뒷전으로 물러앉은 뒤라야만 했다.

한 번은 고기를 구워먹는데 둘째가 보이지 않았다. 거의 다 먹었을 무렵에 들어온 아이는 프라이팬에 몇 조각 붙은 고기를 보더니 앙하고 울음을 터뜨렸다. 지금도 어쩌다 그맘때를 떠올리면 웃음이 나다가도 마음이 짠하다. 한창 먹이고 입히고 할 때가 좋았던 것을, 그때는 왜 그토록 힘들다는 생각만 했는지 모르겠다. 사람들이 '가난한 날의 행복'을 반추하는 마음은 부족해서 채워주지 못했던 안타까움이 그 안에 배어 있기 때문이다. 가끔 적막함에 가슴이 써늘해지는 날은 식구들이 부대끼며 내던 온기가 그립기만 하다.

  요즘은 날씨가 더운 탓도 있지만 부엌에 들기가 싫다. 여자가 부엌이 싫어지면 곳간 열쇠를 며느리에게 넘겨주고 물러앉을 때라고 한다. 넘겨 줄 열쇠도 없지만 지금이 어떤 세상이라고 며느리한테서 끼니 공양을 받는단 말인가. 아마 내가 일선(一線)에서 물러날 때는 수저를 놓는 날이 될 것이다. 내 입 하나면 먹든 굶든 할 텐데 남편은 때마다 은근히 별미 같은 걸 바란다. 아직도 착각할게 남았는지 아내가 우렁각시라도 되는 줄 안다.

  불 앞에 서 있는 시간을 줄이려면 간단히 먹는 수밖에 없다. 요즘 마트에 가면 즉석 식품으로 없는 게 없다. 자장면, 냉면, 카레, 만두 등, 이것저것 사서 냉장고에 넣어둔다. 냉면으로 한 끼 때우는 날은 대신 갈빗살을 넉넉하게 삶는다. 그런데 요즘 돼지고기 값이 만만치 않다. 전에는 백 그람에 천 원 정도 하던 것이 요즘은 곱도 더 올랐다. 고기를 살 때마다 자꾸 가격표를 보게 된다. 나라의 경제사정은 시장바구니 물가를 보면 안다더니 그 말이 실감난다.

오늘은 가격이 싼 앞다리 고기를 샀다. 남편은 상추에 고기와 마늘 풋고추를 얹고 쌈을 싸서 볼이 미어지게 먹는 스타일이다. 타고 난 머슴 식성은 좀처럼 바뀌지도 않고 고치려고도 않는다. 그는 시골 촌(村)자 붙는 걸 좋아한다. 가령 두부도 순두부나 손 두부가 아니라 '촌 두부'라야 하는 식이다. 본래 생긴 대로 살자가 그의 주관이고 요즘은 나도 그렇게 따라간다. 부창부수(夫唱婦隨)가 별건가.

"고기가 텁텁하네!"

다른 때와 달리 타박이다. 돼지고기 맛에 관한한 경지에 다다른 것 같다. 나는 속으로 찔끔하면서도 '고기 맛이 다 그렇지 뭐' 하며 상을 치운다. 설거지를 하려니 은근히 부아가 난다. 나도 참 아낄 걸 아껴야지, 먹으면 얼마나 먹는다고, 식비 줄여가며 살림 꾸려갈 만큼 팍팍한 나이는 지났지 않은가. 접시도 그런 내 마음을 읽었는지 손에서 미끄러지며 소리를 낸다.

아침부터 비가 내린다. 묵은 김치를 숭숭 썰어 넣고 앞다리 살을 듬뿍 넣는다. 참기름 한 방울 넣고 달달 볶는다. 이럴 땐 내 속에 것도 다 꺼내어 볶아야 한다. 비릿한 생각, 섭섭한 마음, 옹색한 변명까지 볶아서 익혀야한다. 물을 붓고 끓이다가 파를 숭덩숭덩 썰어 넣고 간을 본다. 묵은 김치가 돼지고기와 어우러져 식욕을 돋운다.

"아 시원하다."

남편은 찌개를 한 숟갈 뜨더니 구수하니 맛있다고 한다. 수육을 했을 때 텁텁하던 맛이 찌개를 했을 때 구수하다는 것은, 고기도 부위별로 쓰이는 용도가 다른 걸 미처 생각하지 못했다.

식육점에 가보면 나름대로 모양을 낸 고기 앞에 명찰을 달아 놓는다. 수육용, 불고기용. 구이용, 찌개용, 돈가스용. 그렇다면 앞다리 고기는 분명 찌개용이었음에 틀림없다. 앞다리 살이건 갈빗살이건 삶으면 다 같은 맛이려니 했던 주부 수십 년차가 무색하다. 묵은 김치엔 껍데기 붙은 앞다리 살이 어울리는 궁합인 걸, 일상의 도(道)를 깨치는 것도 그냥 얻어지는 건 아닌가 보다.

오늘도 식육점 앞에서 걸음을 멈춘다. 이름표가 붙은 고기들을 일별한다. 냉면철도 끝나가니 수육용 고기는 사지 않아도 될 것 같다. 묵은 김치를 없애려면 아무래도 김치찌개가 최고다. 어김없이 오늘도, 아니 당분간 앞다리 고기다.

달빛 아래 사과를 묻다

야채 박스 안에 오래된 사과 한 개가 있다. 야채를 꺼낼 때마다 보게 되는데 그때마다 한 남자가 떠오른다.

3년 전, 이맘 때였다. 사과 한 상자를 택배로 받았다. 보낸 사람을 보니 황선생이다. 추석선물로 보내기엔 볼품이 없는 사과였다. 잘 받았다는 전화를 했더니 대뜸 하는 말이, "제가 농사지은 겁니다. 꼬라지는 그래도 거창 사꽙니다."

사과는 맛있었다. 사람이나 과일이나 생긴 것만 보고는 그 속을 알 수 없다. 사과를 먹을 때마다 '고향이 거창인가. 농사는 아무나 짓나, 약을 제때 안 쳤으니 이 모양이지' 하고 속으로 생각했다. 어쨌든 내게까지 보낸 성의가 고마웠다.

사람의 마음이란 참 간사하다. 시장에서 산 사과는 생각

없이 먹는다. 맛이 있으면 잘 고른 것이고, 그렇지 않을 땐 먹을 때마다 타박을 하기 일쑤다. 그런데 그 사과는 못 생기고 볼품이 없어도 이해가 되었다. 농사꾼 흉내를 내고 다녔을 그의 모습을 떠올리니 웃음이 나오기도 하고.

  그는 달 밝은 밤, 하얗게 핀 사과 꽃에 연정을 품음직도 한 사람이다. 어쩌면 그런 감성으로 얼치기 농사꾼 노릇을 하고 다녔는지도 모른다. 달밤이면 돗자리 깔고 누워 '이화에 월백하고 은한이 삼경인데' 하며 시조깨나 읊었을 것이다. 농주를 찔끔찔끔 마셔가며 세상 시름을 다 잊었을 것 같기도 하다.

  그는 젊은 수필가로 체구는 작지만 성격이 호방하고 붙임성이 있어 사람들과 잘 어울렸다. 어디서 들은 건지, 지어내는 말인지는 몰라도 갖은 재료로 분위기에 간을 맞출 줄 아는 사람이었다.

  그는 술과 노래를 좋아했다. 그를 아는 사람들 거의가 술자리를 하지 않은 사람이 없어보였다. 나와도 격의 없이 지냈는데 술기운이 있을 땐 누님, 진지한 분위기에선 선생님, 장난기가 동하면 안방마님이라고도 불렀다.

  낙엽이 지던 늦가을 어느 날 핸드폰에 찍힌 문자를 보고 깜짝 놀랐다. 그의 부음소식이었다. 병원에 입원을 했다기에 한차례 문병을 다녀오긴 했다. 젊은 사람이라 금방 툴툴 털고 일어날 줄 알았기에 병원에 가서도 전혀 심각하지 않았다. 도리어 문병 간 일행들은 술을 너무 많이 먹어서 탈이 난 거라는 둥, 하다하다 별짓을 다한다는 둥, 자빠진 김에 두 다리 쭉 뻗고 쉬라는 둥 농담을 했다. 환자복 속의 그도 우리의 농이 싫지 않은지 빙긋이 웃으며 지청구를 다 들어주었다.

목숨은 살아있을 때 소중한 것이다. 죽는 순간 모든 것은 끝나고, 남은 사람들은 삶의 부질없음에 가슴을 저리며 지나간 날을 반추한다. 우리가 평소 친분 있게 지냈다한들 서로에 대하여 얼마나 알고 있을까. 달랑 여동생 혼자서 문상객을 맞는 쓸쓸하기 그지없는 장례식장은 공기마저 서늘했다.

흔히 사람들은 말한다. 결혼식장은 부모의 후광이고 장례식장은 자식들 얼굴이라고. 자식 없는 젊은 사람의 빈소는 얼마나 처량한 쓸쓸함인가. 그가 그동안 얼마나 신산한 삶을 살았는지 알 것 같았다. 쓸쓸한 내면을 들키지 않으려고 그동안 그렇게 억지웃음을 웃고 다녔단 말인가. 빈 집에 들어가기 싫어 모임이 끝나고도 노래방이나 술집으로 팔을 잡아 끌었던 걸, 술 취하면 나오는 버릇쯤으로 여기고 뿌리치곤 하였다.

빈청에 앉은 사람들은 모두들 가슴이 헛헛한지, 외로운 그를 두고 차마 발걸음이 떨어지지 않는지 쉬 자리를 뜨지 못했다. 평소에 그는 뭐가 그리 바쁜지 사방팔방 다니지 않는 곳이 없어보였다. 그걸 두고 오지랖이 넓다느니, 약방에 감초라느니 하며 가끔 빈정거리기도 했다. 그는 그동안 분주히 사람 사이에 끈을 연결하고 정을 심고 다닌 모양이다. 뒤가 걸출하다는 건 그를 두고 하는 말인 듯했다.

그의 장례에 갔다가 온 날, 야채박스 안에는 공교롭게도 사과 한 개가 남아 있었다. 사과를 볼 때마다 그의 생각이 났다. 먹지도 버리지도 못하고 있는 사과의 수명이 그토록 긴 줄 몰랐다. 사과는 3년이나 냉장고 안에서 끄떡없이 버텼다. 마치 그가 다 살고 가지 못한 명줄을 붙들고 있는 듯했다.

그가 가던 해의 어느 봄날, 달이 무척 밝던 밤이었다. 늦은 시간임에도 불구하고 우리들은 의기투합하여 김해로 가는 경전철을 탔다. 그의 달콤한 수작에 넘어간 것이다. 밤의 경전철은 타는 순간 그대로 은하철도가 되어 우주로 간다는 것이다. 전철이 끊기기 전에 돌아오면 된다는 꼬드김에 모두가 우르르 우주선에 올랐다. 그가 말한 대로 강 건너 아파트 군락은 무수한 별빛으로 반짝이는 천체였다. 은하철도는 우리 일행을 우주로 갈 손님이 아니라고 여겼는지, 고대의 역사가 숨 쉬는 '수로왕 능' 앞에 떨어뜨리고 꼬리를 감추며 사라졌다.

 달은 밝고 약간의 취기도 있겠다, 바람은 살랑거리겠다. 우리는 주춤 주춤 제 그림자들을 밟으며 우주의 구석구석을 순례자처럼 훑고 다녔다. 능 주위의 잔디 사이로 드러나는 길을 걷고 또 걸었다. 걷다보니 일행들은 두어 명씩 흩어져 걷고 있었다. '조심하이소'를 연발하며 뒤를 따라오던 그가 생뚱맞게 한마디 했다.

 "누님! 올해 몇인교?"
 "그건 와 묻노?"
 "연애 할라고요."
 "지랄한다, 문~디 자슥."

 뒤따라오던 누군가가 키득키득 웃었다. 웃음소리에 선잠 깬 바람이 밤이슬 머금은 풀잎들 사이를 지나갔다.

 달 밝은 어느 날 밤, 사과를 꺼내서 밖으로 나갔다. 사람 놀리기 좋아하는 그의 낄낄대는 웃음소리가 들리는 듯했다. 사과는 무슨 일이냐는 듯 창백한 얼굴로 나를 쳐다봤다. 달빛을 받아 반짝이는 장독대 옆에 흙을 파고 사과를 묻었다.

그는 요즘도 얼치기 농사꾼 흉내를 내고 다니는지 궁금하다. 노래를 흥얼거리며 밀짚모자 눌러 쓰고 과수나무에 약을 치고, 지금쯤은 사과를 따고 있을지도 모르겠다. 오늘처럼 달이 밝은 밤이면 농막에 벌러덩 누워 별을 세고 있을까. 어디에 있던 그는 이리저리 바쁘게 잘 지낼 것이다. 다만 너무 외롭지는 않았으면 좋겠다.

그립다, 탄력

 화장품 광고는 탄력이란 말을 좋아한다. 노화된 피부도 탄력이 살아난다니 귀가 솔깃하다. 물건도 오래 사용하면 고물이 되는데 사람의 피부라고 뭐가 다르랴. 노화는 인력으론 어쩔 수 없는 것. 물리적 힘이라도 빌려서 어떻게든 젊어지고 싶은 것이 여자의 마음이다.
 지금의 내 얼굴은 풀기 빠진 광목처럼 후줄근하다. 팔자주름은 골을 더 깊이 새기는 중이다. 속일 수 없는 건 사랑과 가난이라더니 나이도 그렇다.
 "마음은 청춘인데…." 그 말이 유치하게 들리던 때가 있었다. 물론 내가 젊을 때였다. 그건 결국 늙는 게 억울하다는 말일 것이다. 마음이 청춘이면 뭐하냐고, 다 지나가 버린 걸. 그렇게 속으로 생각하곤 했다. 그런데 지금 내 마음이 그보다 더 적절한 비유를 찾을 수 없어 씁쓸하다.

  무엇이나 새것은 탱탱하고 팽팽하다. 사람들이 새것을 좋아하는 이유는 그 때문이다. 고무줄도 새것은 당겼다 놓으면 원래의 상태로 쌩하니 돌아간다. 그러나 낡은 고무줄은 당겼다 놓아도 별로 달라지지 않는다. 지금의 내 시간이 낡은 고무줄보다 나을 게 없다.

  늘어진 고무줄 같은 시간에 탄력이 살아난다는 화장품을 뿌려주면 어떨까. 볼 살이 탱탱해지듯이 시간도 윤기를 머금어 촉촉해지려나. 사람이 늙는 것과 물체가 낡아간다는 것은 비슷한 의미다. 고무줄, 신발, 축구공, 바지, 그것들에게 '낡은'이라는 말을 붙이는 순간 하나같이 후줄근하니 탱탱함과는 거리가 멀다.

  탄력은 버티는 힘이다. 원래의 상태로 돌아가는 탄력성이 피부에만 필요할까. 사람이나 기계나 움직이는 물체는 탄력을 받아야한다. 가장 탄력적일 때가 가장 빛나는 때이다. 축구선수의 발끝에서 탄력 받은 공은 그물을 출렁거리게 하고, 야구선수의 방망이는 하늘을 가른다. 공부에 탄력 붙은 수험생은 눈이 충혈 되어도 힘든 줄을 모르고, 문장에 탄력 붙은 작가는 긴 밤이 짧기만 하다.

내가 가장 탄력적이었을 때는 언제였을까. 탄력이 버티는 힘이라면 지나간 어느 한때 내 삶은 '언제까지 오래 버티나'의 줄다리기 같았다. 잡고 있는 끈을 놓는 순간, 그동안 가꾸고 꿈꾸고 거머쥐고 있던 것들과의 결별이란 생각은 벼랑 끝의 나무처럼 결연한 무장을 하게 했다.

아들이 대학에 들어가 두 해도 지나지 않아 큰딸도 대학을 들어갔다. 아들은 휴학을 하고 군대에 갔다. 제대도 하기 전에 작은 딸이 치고 올라왔다. 그때 내 눈엔 보이는 게 없었다. 어영부영 하다간 아이들 공부도 못시키겠다는 생각은 피를 말렸다. 할 수 있는 게 아무것도 없었다. 순전히 책을 좋아한다는 이유로 책을 파는 회사에 겁도 없이 들어갔다.

한창 '다중지능이론'이 아동기 부모들을 자극하였다. 동화책이라면 고작 그림동화나 전래동화밖에 몰랐던 내가 자연동화, 과학동화, 수학동화, 거기에 탐구영역이니 사회영역이니 하며 책장사를 하고 다녔다. 나중에는 엄마들을 불러놓고 단계별 책읽기와 원고지 쓰는 법. 일기와, 독후감 쓰기 같은 걸 지도했으니, 지금 생각하면 가당찮고 우습다. 그래도 그때는 그 일이 재미있고 뿌듯하고 스스로 대견하기까지 했다.

지금까지 살면서 가장 탄력 받았던 때를 기억하라면 단연 그때이다. 내 스스로 노력하고 열심히 일해서 아이들을 공부시키고, 가장이 일어설 때까지 어떻게든 버티고자 했던 그 즈음이 내 삶의 절정이었다. 하루하루 탄력 받은 바퀴가 되어 어지간한 오르막은 거뜬히 올라가고 내려갔던 그 시절, 시간을 쪼개어 쓴다는 의미도, 막다른 골목에서 믿을 건 자신밖에 없다는 걸 터득한 것도 그때의 선물이다.

 탄력이 떨어짐을 느낄 때가 늙는 때이다. 늙는 것은 물리적 나이가 아니다. 구상할 것도, 매달릴 것도, 즐길만한 어떤 대상도 없을 때다. 성취감을 주는 일에 도전하는 것만이 늙지 않는 방법이다. 다시 시작하는 공부, 스스로를 돌아보는 신앙, 가족들 간의 이해, 그 모든 중심에는 늘 탄력적인 마음이 존재할 때다.

 늘어진 시간 속으로 침몰하지 않으려면 몰두할 수 있는 일을 찾아야 한다. 이런 저런 이유로 순위에서 벗어났던 걸 떠올려본다. 아이들 공부 끝내고 나면 해봐야지. 다 결혼시키고 홀가분해지면 그때 해도 늦지 않다고 생각했던 것들. 지금이 바로 그때인데 난 왜 이렇게 무기력할까. 내 가슴은 왜 떨어진 단추처럼 초라하고 시들어가는 꽃잎처럼 쓸쓸하냐고.

 마음을 추스르기가 쉽지 않다. 심드렁한 일상에 애정을 가지라고, 모든 것은 다 마음먹기라고 최면을 건다. 그러나 주문은 먹혀들질 않고 마음이 도리어 반기를 든다. 대학생이 된 아이에게 다시 머리 싸매고 수험생처럼 공부하라면 못하겠다고 버티는 것과 비슷한. 지금의 편안함이 다시는 예전의 그 절박하고 치열했던 삶을 거부하는 마음이랄까.

 탄력은 여인의 피부에만 필요한 게 아니다. 두려워하면서도 겁 없이 달려온 생의 어느 한 시기를 지나, 이제는 여유를 부려가며 한갓지게 걸어가는 삶에도 그 나름의 탄력은 필요한 것이다. 그리운 게 어디 떠나간 사랑뿐일까. 오늘은 천지분간도 못하고 앞으로 달리기만 했던 먼 시간 저 너머의 내 모습이 그립기만 하다.

따뜻한 그늘

　시월이면 요산 김정한 선생님을 기리는 문학제가 열린다. 아는 사람만 알고 찾아오는 문학관은 남산동의 한적한 골목 안에 있다. 처음 찾아가는 사람은 두어 번 물어야 한다. '이리 오너라' 하고 부르면 누군가 부리나케 뛰어 나올듯한 사랑채를 지나서 안쪽에 조촐하고 아담한 문학관이 모습을 드러낸다.
　어쩌다 인연이 되어 요산문학제의 백일장 심사를 보게 되었다. 이번에는 참석자들의 형편을 고려하여 일요일에 백일장이 열렸다. 제목은 '골목길'과 '그늘'이다. 시인, 소설가, 수필가의 꿈을 안고 모여든 예비 문사들을 선생님은 어디선가 흐뭇하게 지켜보고 계실 것 같다. 나도 슬며시 그들 속에 끼어 앉는다.

그늘을 좋아하는 생명들이 있다. 곤충이나 동물이 그늘을 좋아하는 것은 생태적으로 그늘이 품고 있는 습기 같은 촉촉함일 것이다. 나도 그늘을 좋아한다.

가끔 세상으로부터 숨고 싶을 때가 있다. 헛바퀴가 도는 일상에서 벗어나고 싶을 때나, 두근거리는 가슴을 주저앉히고 싶을 때가 그럴 때다. 그늘은 숨을 돌리거나 위로 받고 싶거나 감추고 싶은 무언가를 들키지 않기 위해 찾는 곳이다.

그늘은 단추를 하나쯤 풀어도 될 것 같은 편안함이 있다. 세월이 가져다주는 삶의 주름, 슬픔, 까닭을 알 수 없는 허무, 남루한 일상의 구김까지 가려주고 숨겨주고 품어준다. 사는 게 자신 없을 때, 마음도 몸도 먼 곳을 더듬으며 눈물이 글썽거려질 때 위안의 장소가 되는 곳이 그늘만한 게 있을까.

사람의 얼굴에서 그늘을 볼 때가 있다. 그럴 때는 연민을 느낀다. 나눠 가질 수 없는 아픔이나 상실에서 오는 쓸쓸함을 위로하기란 쉽지 않다. 도리어 빈 말이 주는 공허감으로 가슴을 허허롭게 하지 않을까 염려 된다. 차라리 그럴 땐 더 넓고 짙은 그늘로 숨으라는 편이 낫다.

가족을 잃은 이는 더 넓은 가족의 그늘이 필요하다. 그늘에 숨어있다 보면 슬픔은 사라지고 밖이 궁금하여 나오게 되는 것이 인간의 속성이다. 부모의 그늘을 잃은 이는 남편의 그늘에, 남편 그늘이 그리운 이는 자식의 그늘에서 위로받고 싶은 게 사람 마음이다.

　그늘에도 힘이 있다. 그럴 때는 든든한 배경으로 작용한다. 한때 친정을 그늘로 생각했다. 뒷배가 든든한 친정을 가진 사람은 그렇지 못한 사람보다 속상할 일이 적을 것 같아 은근히 부럽기도 했다. 살다보면 외롭고 힘들어 울고 싶을 때가 있다. 아무에게도 속말을 못하고 야위어갈 때 생각나는 것이 친정이다. 물질적으로 힘들 때 친정은 든든한 뒷배가 되고, 소위 부부싸움이라도 크게 한 날은 내 역성을 들어줄 내편이 필요해서 친정을 떠올린다.

　어린 시절 언니나 오빠들이 있는 아이가 부러웠다. 형제의 그늘은 또래들이 노는 골목길에 언제나 떡 버티고 선 나무 같았다. 내겐 그런 나무가 없었다. 나무가 없으니 그늘인들 있었겠는가. 그때의 외로움과 소외감은 어른이 되어도 달라지지 않고 어쩌면 살아갈수록 더 절실해지는 것 같다.

　그늘은 어둠과는 다르다. 어둠은 빛이 없기에 생기는 것이고 그늘은 빛이 있기에 생긴다. 빛이 그늘이 되고 그늘이 다시 빛이 된다. 빛이 강하면 그늘도 짙다는 말은 힘이 강하면 미치는 영향도 그만큼 크다는 의미가 아니겠는가.

한 사람의 강한 빛, 그것이 인격이거나 업적이거나 덕망이거나 그 그늘이 넓게 미치는 건 시간이 많이 흘러 역사가 되어도 흔들림이 없다. 그리고 보니 빛과 그늘, 양지와 음지, 이것 아니면 저것이라는 잣대로 볼 때, 그늘은 참으로 많은 의미를 갖는 것 같다.

한 남자의 그늘에 몸을 숨기고 나이를 먹었다. 나이를 먹어간다는 것은 자신의 그늘을 넓혀간다는 뜻이기도 하다. 내가 만든 그늘은 가족들이 가쁜 숨을 돌리는 숨고르기의 휴게소 같았으면 한다. 잠시 쉬어가는 그늘이 위안을 주고 편안함을 주고 용기를 준다면 더 무엇이 필요하랴.

그러나 그들이 외롭거나 힘들었을 때 한 번이라도 찾고 싶은 그늘이었는지 스스로에게 물어본다. 어쩌면 내 그늘 안으로 들어오는 그들을 무심하니 버려두거나 모르는 척 하지는 않았는지. 손을 저으며 쫓아내지는 않았는지. 그들을 위해 최선을 다했다고 생각했던 건 착각이었는지 모른다. 그늘은 품어 안는 것이다. 그 어떤 것도 덮어주고 따뜻하게 껴안는 것이다.

시월 하루가 저물고 있다. 문학관을 나오면서 다시 뒤를 돌아본다. '사람이 되라'고 말씀 하신 선생님의 빛, 한 사람의 그늘이 이리 넓고도 깊을 수 있는가를 생각하게 한 하루였다. 늘 이때가 되면 선생님의 가르침과 문학을 연모하는 사람들이 그의 따뜻한 그늘에 모여 글쓰기를 즐겨할 것이다.

낮달 속의 낯

　감나무 그림자 발아래 쓰러진다. 강아지풀 쑥부쟁이 망초 대궁 어이없이 넘어진다. 재 넘어온 바람 한 줄기 졸고 있던 햇살들 곤두박질친다. 왱 왱 예초기 날카로운 칼날 아래 온갖 것들 잘려 나간다. 벌집처럼 숭숭하던 번민, 근심, 애증의 고리들 모조리 칼날 앞으로 불러내 베어낸다. 다시는 엉키지 않게 싹싹 쳐낸다. 방아깨비 여치 사마귀 혼비백산 달아난다. 요놈들 간이 콩알만 하겠다. 등줄기로 흘러내리는 땀방울. 눈치 빠른 바람 달려온다. 그 바람 달다.
　밥 먹고 하라고 앵앵거리는 소리 너머로 큰동서 손짓한다. 밥 먹고 하게. 맨날맨날 뭐든지 밥 먹고 하게. 자네 오늘 큰일 하네. 놀라는 얼굴 좀 보게. 이때 아니면 언제 갈퀴질 해

볼 건가. 나도 오늘은 일꾼이다. 먹어야 일을 하지. 먹고 일하고 먹고 자고 먹고 싸고. 먹고 먹고 먹고. 하늘의 낮달 너도 먹고. 댕강댕강 목 떨어진 강아지풀 쑥부쟁이 망초대궁 너들도 한술 먹고. 거기 둑에 있는 엉겅퀴 너도 가시만 세우지 말고 와서 음복해라.

내 눈에만 보이는가. 시어머니 생시인 듯 저만치 나와 앉아 있다. 자식들 배부르게 먹고 있는지 숟가락마다 쳐다본다. 큰아들 막걸리 사발 들이키는 거 보고 있다. 저리 좋을까. 오랜만에 동생들 앞에서 호기 부리는 맏이 모습 보기 좋은 갚다. 둘째 목젖 울컥거리며 마신다. 셋째 너는 벌써 한 잔 되었구나. 아까운 내 새끼들, 못다 한 내 사랑까지 벌컥벌컥 다 마셔라. 자식들 돌아가며 어머니 치맛자락에 막걸리 철철 붓는다. 어머니 허기지고 술 고프셨나, 금방 다 흔적 없이 감춰버리네. 예초기 칼날 소리에 도망갔던 개미들 떼를 지어 온다. 동네 여인들 허리 질끈 묶고 타작마당에 들어서듯 저놈들 허리 볼끈볼끈 묶고 청하지도 않았는데 한술 먹으러 온다.

넘어지고 쓰러지고 엎어진 것들 끌어낸다. 요리조리 갈퀴질 물올랐다. 쓱쓱 긁고 또 긁는다. 아버지 마른 등허리 같은 잔디 시원하게 긁는다. 옛날에 어른들 등 근지럽다던 말 이제 무슨 말인지 알겠다. 그때 긁어드리지 못한 거 오늘 이리 긁어드린다. 불콰한 얼굴로 큰아주버님 하늘 본다. 두 동생들 형님 따라서 하늘 본다. 아직 해 지려면 서너 발은 남았다. 해 딴에는 다 하겠다고 눈자위 붉은 막내 어머니 무릎 베고 벌렁 눕는다. 어머니 손부채 바람인가. 소슬한 바람 옆구리로 들어온다. 잠깐 눈 붙이라고 해도 구름 속으로 숨는다. 잠시 일손 놓고 땀 씻는다. 하늘에 낮달이 하얗게 떠 있다.

 환한 대낮 있어도 없는 낮달처럼 아득한 어머니. 오늘 하얀 낮달로 저리 떠 있는가. 올망졸망 새끼들한테 간 쓸개 다 빼주고 이제는 새털처럼 가벼워진 어머니. 가도 가도 끝없는 허공 빈 배되어 어디를 가시는가. 갈퀴 고리 미어터지게 긁어모은 풋풋한 주검들. 바람이 애도하고 햇살이 머리 조아린다. 오늘밤 두 어른 맨송맨송 쑥스럽겠다. 아버님, 봉두난발 같은 머리 깎고 수염 밀고 고랑진 얼굴 톡톡 두드려 주름살 폈으니 어머니 못 알아볼라. 아니 어머니 짚불 때다 그을린 얼굴 헝클어진 머리 얌전히 빗고 쪽 졌으니 되레 아버지가 알아보지 못할라. 괜히 싱겁다고 짜장 밉지 않은 투로 며느리 나무라던 어머니, 지금도 싱거운 걱정한다고 눈 흘긴다.

 암울한 시대 태어나, 내남없이 등가죽 댕기도록 가난하던 시절에 열일곱 살 동갑내기 부부되어 칠남매 낳고 이 마을에서 평생을 살았다. 지금은 마을 뒷산에 아담한 두 개 봉분으로 남아 1년에 한두 번 자식들 본다. 흘러가던 구름그림자 봉분 위에 머문다. 흐르는 것이 구름뿐인가 머무는 것이 그림자뿐인가. 담배연기 가늘게 바람결에 흩어진다. 봉초담배만 피우던 아버님 에쎄 담배 맛있는 갚다.

  득달같이 장손 왔다. 젊은 힘 수혈한다. 이게 벌초마당인가. 막걸리 서너 사발에 큰 대 자로 누워버린 아버지, 삼촌들 빙긋이 바라보며 풀더미 져 나른다. 예초기 푸른 날 얌전히 빼놓는다. 낫이며 갈고리며 막걸리 빈병 두 손 가지 않도록 챙기는 것 좀 보소. 내 언젠가 증조 고조 또 그 위 어른들께 산소마다 찾아다니며 인사 다닐 적 신랑이 꼭 저러했거늘. 지금 해거름에 보니 영락없는 그때 남편과 흡사하다. 조카도 삼촌을 저리 빼닮는가. 세월은 어디로 다 흘렀는가. 꼭 움켜지고 있었거늘 손가락 사이로 다 빠져 나가버리고 말았구나.

  사는 것이 뒤숭숭해서 돌아간 부모님 간간이 잊고 산다. 산 사람도 다 건사 못하고 사는 살림이라 잊을 때도 많다. 멀리 간 어른들은 그냥 없는 듯 있는 하얀 낮달 같다. 아무런 빛도 힘도 없지만 그렇다고 달 아닌가. 권세 없는 낮달로 떠있는 그 사랑 시리고 아프고 가끔은 눈물 찔끔 나게 그립다. 오늘 이리 자손들이 환하게 사는 건 어제 내린 단비 같은 당신들의 은혜인 것을 어찌 모르리.

　서녘 노을 잦아든다. 산 능선 그리메 그림처럼 다가온다. 땅거미 내린다. 산 것들 밤이슬 피하려 둥지를 찾는다. 수런수런 깃을 접는 날것들 소리 어미 품을 파고드는 새끼들 숨결소리 아련하다. 어머니 마른 눈물로 등불 환히 밝힌다. 휘청거리며 걸어가는 그림자 길게 비춰주고 있다. 하늘에 어둠별 떴다.

아내가 변했다

 올해 운수가 길하다고 하였다. 좋은 말은 믿고 싶고 믿는 자에게 복이 있다고 했다. 아내의 말인 즉 세상만사는 늘 좋은 쪽으로 생각하는 게 신상에 이롭단다.
 길한 기운이 따뜻한 봄날 핸드폰 속으로 들어왔다. 지난 해 봄, 반 칠십이나 되어 장가 든 아들이 금방 태어나 물기도 채 닦지 않은 손자의 사진을 전송했다. 아내는 출산과정이 고스란히 담긴 동영상을 들여다보며 좋아서 코가 벌름거린다.
 "세상에 어쩜! 이런 걸 다 찍냐~!"
 혼잣소리를 해가며 킬킬거린다. 할머니가 된 것이 저리 좋을까. 솔직히 말해서 나도 체증이 쑥 내려가는 기분이다.
 육남매의 막내인 나는 위로 형님이 두 분 계신다. 장손인

큰조카는 딸만 둘 있고, 둘째 형님 댁의 두 아들은 늦게 결혼을 해서 아직 아이가 없다. 결국 막내인 내게서 난 자식이 대를 이었으니 돌아간 부모님께는 첫 증손자가 태어난 셈이다.

요즘 세상에 손(孫)을 잇는다는 게 무어 그리 큰 의미가 있겠냐고 한다면 할 말은 없다. 그럼에도 손자가 태어났다는 소식에 가장 먼저 부모님 얼굴이 떠오른 건 사실이다.

좋은 일은 곰비임비 찾아온다. 막내딸이 그동안 교제하던 청년을 집으로 데려왔다. 정식으로 인사는 없었지만 얘기는 들었던 터다. 둘 다 직장이 서울에 있다 보니 내려온 김에 부모님끼리도 상견례를 하면 어떻겠느냐고 한다.

요즘 자식들의 혼사로 속을 끓이는 친구들이 더러 있다. 늦은 혼사야 사회적인 추세라 해도, 결혼에 관심조차 갖지 않으니 속에서 천불이 난다고 한다. 그러고 보면 우리 삼남매는 부모 속을 썩이지 않고 짝을 구해온 셈이다. 아내는 자식들 혼사에는 욕심을 부리지 말자고 한다. 모아놓은 재산도 없는데 '감 놔라, 대추 놔라' 할 필요가 없다는 것이다. 그리고 나더러 들으라는 듯 '사위 될 사람이 장인만 닮지 않으면 된다'라니 참 기가 막힐 노릇이다.

사위가 내 속으로 낳은 자식도 아닌데 닮을 턱이 없지 않은가. 말이야 바른 말이지 내가 뭐 어떤가. 술을 좀 즐긴다는 것뿐이지 하나도 구릴 게 없는 사람을 아내는 은근히 갈군다. 아내는 요즘 변한 것 같다. 전에는 눈만 크게 떠도 꼬리를 내렸는데 지금은 곧잘 기어오른다. 조금만 싫은 소릴해도 입을 꾹 다물고 묻는 말에 대꾸도 않는다. 아내가 나이들면 무섭다더니 정말 그런 것 같다.

상견례만큼 어색한 자리가 또 있으랴. 바깥사돈끼리 술이라도 한 잔 주거니 받거니 해야 덜 쑥스러울 텐데 부자(父子)가 다 술을 못하니 어색하기 짝이 없다. 그렇다고 '술도 못마시는 사람하곤 사돈 맺기 싫소' 하고 자리를 박차고 나올수도 없는 노릇이다. 아내는 분위기를 맞추려는 듯 와인을 홀짝거리며 눈웃음을 짓고 앉아있다.

시월 초에 아내는 사흘 말미하고 서울에 다녀오겠다고 한다. 손자가 얼마나 컸는지도 보고, 큰딸 집에도 가보고, 무엇보다도 막내가 신혼살림을 할 아파트도 둘러보고 온다는 것이다. 첨부터 아내는 혼자 가기로 작정해놓곤 건성으로 내게 같이 가겠느냐고 묻는다. 나는 토요일로 예약된 대장내시경을 핑계로 집에 있겠다고 한다. 아내 없는 황금연휴를 느긋이 즐겨볼 참이다. 나이 든 남자도 가끔은 혼자 있고 싶을때가 있다는 걸 아내는 모르는 것 같다.

잠에서 깨어나니 대장에서 용종을 세 개나 떼어냈다고 한다. 그중에 하나는 상당히 큰 놈이었고, 떼어낸 자리에서 피가 나기 때문에 입원을 해야 한단다. 검사만 받으면 될 줄 알았는데 환자복을 입는 신세가 되었다. 아내에게 전화를 했다. 저녁을 먹는 중이라고 한다. 남편은 끼니도 굶고 입원해 있는데, 밥 먹었냐는 말도 없이 자식들이랑 즐겁게 식사중인지 주변이 소란하다.

갑자기 허기가 진다. 아내에게 용종 말을 꺼내야할지 망설이다가 어정쩡하니 전화를 끊는다. 갑자기 외로움이 밀려온다. 그동안 병원은 나와 거리가 멀다고 생각했다. 문득 아내가 했던 잔소리가 생각난다. '당신은 담배도 술도 너무 과하다. 육식도 너무 좋아한다. 그러다가 병들면 절대로 간호 같은 거 기대하지 마라. 그동안 애먹인 게 얼만데 늙어 병수발까지 할 줄 아느냐.'

아내에게 용종 얘기를 했더니 별거 아니라는 반응이다. 깜짝 놀랄 줄 알았더니 덤덤하다. 오히려 말을 꺼낸 내가 머쓱하다. 아내가 책꽂이에서 보험 증권을 꺼내온다. 혼잣말처럼 '용종제거를 했으니 수술비가 얼마나 나오려나' 한다. 갑자기 아내가 낯설게 느껴진다. 무섭다. 내가 죽으면'이제 사망보험금이나 찾으러 가야겠다'고 하지 않겠는가.

일주일쯤 지난 날 담당의사에게서 전화가 왔다. 보호자랑 함께 내원하라는 것이다.

"…조직검사에서 암세포가 발견되었습니다."

"예? 암이란 말입니까?"

병원 문을 나서는데 다리가 후들거렸다. 아내가 내 팔을 꽉 잡았다. 어떻게 집에 왔는지 방에 들어오자 쓰러지듯 고꾸라졌다.

한참 내 얼굴을 바라보던 아내가 입을 열었다. 암은 발견 시점이 중요하다. 대장점막내암은 아주 초기 암이다. 당신은 암환자라는 생각을 아예 하지 마라. 나도 그렇게 생각할 것이다. 막내 결혼식 끝나고 수술을 받되, 아이들은 물론 누구에게도 발설하지 마라.

나는 뒤통수를 한 대 맞은 기분이었다. 내 얘길 듣고 징징거리며 울고불고, 자식들한테 전화부터 할 거라고 생각한 건 순전히 오산이었다. 아내가 저렇게 무서운 여자였나. 속도 없는 무지렁인 줄 알았더니 그게 아니지 않은가. 어이가 없어 도리어 내가 피식 웃어버렸다. 솔직히 말해서 그런 아내가 든든한 생각까지 들었다. 그런데 아내의 입에서 도저히 믿을 수 없는 말이 튀어 나왔다.

"당신은 왜 이렇게 운이 좋은 거야!"

2장

사랑은 자전거를 타고

중산층 별곡

    우리 집은 귀가 밝은 남향집이다. 밤중에도 빗소리와 골목길을 지나가는 바람소리를 들을 수 있다. 뒷집 담 밑에 가죽나무 한 그루가 실하게 서 있다. 나무는 사계절의 변화를 느끼게 할 뿐만 아니라, 마주 보이는 이웃집 사이에 가리게 역할을 하기도 한다.

    부엌 창문 밖으로 사람들이 지나다니는 모습을 늘 볼 수 있다. 사람들의 생동감 넘치는 소리, 사직구장에서 야구가 열릴 때면 함성소리도 들린다. 가끔 골목의 담벼락 밑에 어린 연인들이 서 있는 것을 볼 때도 있다. 골목길 안에는 운치 있는 오래된 돌담 집이 있다. 담 사이로 풀들이 비집고 나오는데 때로 잊고 있던 풀꽃을 만나기도 한다. 봄이면 노란 민들레가 골목의 길바닥에 피기도 하고, 여름이면 줄장미가 담 밖으로 화사하게 피는 초록 대문 집. 그 집 안엔 등이 활처럼 굽은 노인이 살고 있다. 빤히 보이는 길 건너의 기와집 물받이에서 게으르게 낮잠 자는 고양이를 볼 때도 있다. 전철역이 코앞에 있는데도 불구하고 이곳은 세월이 비켜가는 곳처럼 한가롭다.

새벽녘 신문을 가지러 나가면 나뭇가지 사이로 하현달을 보기도 한다. 뒷집 할아버지는 일찌감치 그 시각에 약수를 받아가지고 오신다. 부지런한 어른이 이웃에 떡하니 큰 기침을 하며 살고 있으니 마음이 한결 든든하다.

세상살이 마음먹기에 달렸다는 말은 누군가를 위로하려는 말인 것 같다. 나는 편리하게도 긍정의 의미로 받아들인다. 요즘 사람들은 심심하면 한마디씩 세상이라는 웅덩이에 돌을 던진다. 그때마다 일파만파로 파문이 인다. 얼마 전 SNS 세상이 온통 난리였다. 어느 신문에 '유럽과 우리의 중산층 비교' 기사가 독자들에게 충격을 준 탓이다. 그동안 중산층이라고 여기며 살았던 대다수의 사람들이 멋지게 서민층으로 미끄러졌다.

우리나라 사람들이 생각하는 중산층은 첫째가 빚이 없어야 한다. 그건 맞는 말이다. 30평 넘는 아파트와 월 5백 만원의 수입, 2,000cc급 이상의 중형차를 소유해야 한다. 이쯤에서 가을바람에 낙엽 지듯 계급장 떨어지는 소리가 우수수 들린다. 언제나 찾아 쓸 수 있는 돈이 1억쯤은 있어야 하고, 해마다 해외여행을 다닐 수 있는 처지라야 한다.

이런 엉터리 중산층의 기준을 봤나. 1억은 고사하고 몇 백만 원도 쟁여두고 못사니 그 부류에 들긴 글렀다. 빚이야 없으면 좋지만 빚지고 싶은 사람이 어디 있겠는가. 지긴 쉬워도 갚기는 어려운 게 빚이다. 작은 이층집에서 20년 넘게 살고 있는 사람으로서 딱히 할 말이 없다. 가뜩이나 주위에선 집을 헐었다하면 원룸이니 빌라니 짓는 통에 낡은 집은 상대적으로 꾀죄죄해 보인다. 사람마저 자꾸만 쪼그라드는 느낌은 꼭 나이 탓만은 아니지 싶어 속이 상하는 판에 이런 개념 없는 한국의 중산층 기준이라니, 나만 느끼는 모멸감일까.

미국의 심리학자 에드 디너는 '한국인의 낮은 행복감은 지나친 물질주의 탓'이라고 했다.

그렇다면 반대로 부자에게 당신은 행복한가 하고 물었을 때 과연 '그래요 나는 행복 합니다' 하고 말할 사람이 얼마쯤 될까. 천석꾼은 천 가지 걱정, 만석꾼은 만 가지 걱정이라고 했다. 그 말은 부자가 꼭 행복한 건 아니라는 말일 것이다. 요즘 무슨 조사를 했다하면 최고로 좋은 것도 나쁜 것도 한

국이다. 눈부신 경제성장, 수출, 특히 IT산업의 성장은 괄목할만하다. 반대로 실업이나, 자살률, 술 소비 같은 건 최악이다. 요즘 우리 사회는 정신보다 물질이 좌우하고 그 모든 잣대는 가진 것의 유무로 양분된다. 신문의 사회면 또한 양극화로 치닫는 기사들뿐이다.

중산층은 물질로서의 문제가 아니라 삶의 질에서 우위가 되어야 한다. 우리나라가 가난에서 벗어나기 위해 모두가 한마음이 되어 협동 단결을 외칠 때, 이미 프랑스에서는 삶의 질을 논했다고 한다. 한 가지 이상의 외국어와 악기를 다룰 줄 알며 스포츠를 즐기고 자식을 교육시켜 자립시키는 것. 거기에 이런 몇 가지가 보태어져서 중산층의 기준이 되었다고 한다. 남들과 다른 맛을 내는 별미 하나 정도는 만들어 손님을 대접할 줄 알며, 사회봉사단체에 참여하여 활동하고, 남의 아이를 내 아이처럼 꾸짖을 수 있을 것. 사회정의가 흔들릴 때 이를 바로잡기 위해 일어설 줄 알 것.

미국의 중산층 기준은 마치 정의(正義)의 선서 같다. 자신의 주장에 떳떳하고, 사회적 약자를 도우며, 부정과 불법에 저항할 줄 알고, 정기적으로 받아보는 비평지가 하나쯤 있어야 한다.

신사의 나라라고 하는 영국의 중산층 개념은 또 어떤가. 마음을 경건하게까지 한다. 페어플레이를 할 것, 자신의 주장과

신념을 가질 것, 나만의 독선을 지니지 말 것, 약자를 두둔하고 강자에 대응할 것, 불의, 불평, 불법에 의연히 대처할 것.

어느 것 하나도 내가 고개를 끄덕일 만한 것이 없다. 똑 부러지게 할 줄 아는 것도 없는 데다 가졌다고 할 만한 것도 없으니 말이다. 마음을 내어 한 달에 두어 번 영화를 보는 것. 큰 마트 안에 서점이 있어 짬짬이 들러 책을 훑어보는 것. 다 읽어내지 못할 만큼 많은 수필집들을 보내주는 이들이 있어 고마운 것. 정기적으로 오는 서너 권의 문예지와 비평지를 기다리는 것. 후원이랄 것도 없지만 인연 닿은 나라의 한 아이가 보내오는 엽서를 모으는 재미. 부모의 형편을 알고 그에 맞춰 소박한 결혼을 한 삼 남매. 하루가 멀다고 시시콜콜 보내오는 자식들의 문자와 손자들의 동영상을 들여다보는 것으로 하루가 길고도 짧다.

요즘 결혼문화를 바꾸자는 캠페인이 벌어지고 있다. 말깨나 하고 역량 있어 보이는 상류층사람들이 솔선수범하는 모습이 보기에 좋다. 아이들을 다 출가시키고 나니 할 일을 다 한 듯 홀가분하다.

우습지만 나는 별 힘도 없으면서 약자를 두둔하고, 불의에는 참지 못하는 성질머리를 가졌다. 불법에는 쌍심지를 세우는 걸 정의감이라고 믿는 소시민이다. 길바닥에 껌 한 번 힘

있게 뱉어본 적 없는 소심함을 착한 것으로 착각도 하고, 휴지 한 조각 맘 놓고 버리지 못하는 것을 두고, 도덕심만은 중산층 아닌 상류층 의식을 가진 때문이라고 스스로를 두둔하기도 한다.

일찍이 조선시대쯤에 태어났더라면 어땠을까. 두어 칸 집에 두어이랑 전답이 있고, 겨울 솜옷과 여름 베옷 두어 벌. 서적 한 시렁 거문고 한 벌. 햇볕 쬘 마루와 차 달일 화로 하나. 늙은 몸 부추길 지팡이와 봄 경치 찾아다닐 나귀 한 마리. 의리를 지키고 도의를 어기지 않으며 나라의 어려운 일에 바른 말하고 사는 것.

그 시절에 살았더라도 나귀 한 마리 값이 지금의 중형차 수준은 되지 않을까. 아마 그때도 나는 한량 같은 중산층을 꿈꿀 뿐, 밭고랑에 엎드려 김을 매고 호미 끝으로 글줄이나 그을 줄 아는 백성이었을 것이다. 매사 어중이가 어느 시대에 태어난들 별수 있겠는가.

큰 욕심 부리지 않으니 아무려나 지금도 살만하다. 물질은 비대한 몸뚱일 편하게 할 뿐이라고, 중산층이면 어떻고 상류층이면 어떤가. 도도한 의식만은 미끄러지지 말고 단단히 붙잡고 살 일이다.

이웃집 은행나무

　뒷집에 은행나무가 두 그루 있다. 집 뒤란과 대문간에 있는 은행나무는 키 높이가 이층집을 넘는다. 대문 바로 안에 있는 나무는 은행이 많이 열린다. 은행이 사람들의 발에 밟히기라도 하면 냄새가 역겹다. 이층 할머니가 은행 알을 씻는 날은 골목 안이 구린내로 진동을 한다.
　골목안 사람들은 나무의 존재를 가을이 되어야 알아챈다. 바람이 불어 노란 은행잎이 골목길에 뒹굴면 투덜거리는 소리가 낙엽처럼 쌓인다. 그들에게 은행잎은 그냥 쓸어내야 할 귀찮은 쓰레기다. 사람들의 불평은 은행나무 집에서 낙엽을 쓸지 않는데 있다. 할머니는 온 동네 간섭을 다하면서도 자기 집 대문 앞을 쓸지 않아 욕을 먹는다.

지난 가을 어느 날이었다. 골목 안에서 소요가 일어났다. 옆집 여자가 비닐 자루에 은행잎을 쓸어 담아 뒷집 대문간에 갖다 둔 것이다. 쓸기는 했지만 버리는 건 그 집에서 해야 할 거 아니냐고 했다. 할머니가 젊은 사람이 그러면 되느냐고, "할머니도 경우가 없으시네, 그 집 나무 땜에 성가셔 죽겠구만" 하는 소리를 남자가 집으로 들어오다가 들었다.

뒷집 남자가 은행나무 밑동의 껍질을 벗겨내고 있다. 나무를 죽이기로 마음먹은 모양이다. 나무에 칼을 대는 마음이 오죽할까. 이웃을 향한 무언의 대답치곤 나무가 받는 고통이 너무 심하다.

이제 은행나무는 잎을 달지 않는다. 멀쩡하던 나무가 여자들의 입 초사에 생목숨이 끊긴 것이다. 무성한 잎들 속에서 들리는 새소리와 죽은 나뭇가지에서 우는 새들의 소리는 다르다. 푸른 입새들 속에 숨어 서로 부리를 쪼아대며 내는 소리는 맑고 간지럽다. 생명이 살아 숨 쉬는 소리라 듣는 귀도 즐거웠다.

죽은 나무에는 새들이 앉지 않는다. 혹 앉았다 하더라도 불안하고 위태롭게 군다. 말라버린 나무를 볼 때마다 미안한 생각이 든다. 나도 그 이웃들 중의 하나였기 때문이다.

그 자리에 있을 땐 잘 모른다. 그것이 사람이든 뭐든. 나무가 구실을 못하게 된 뒤에야 그 존재의 고마움을 느끼다니. 그동안 내게 나무가 준 위안이 얼마나 컸던가. 봄이면 새 잎을 틔워 봄을 알렸고. 여름날 짙은 그늘은 땀을 식히기에 족했다. 노란 은행잎이 떨어질 때면 가을 정취를 느끼게 했고, 겨울 밤 빈 가지를 울리며 지나가는 바람소리는 누군가의 휘파람소리처럼 들리지 않았던가.

올봄 은행나무 밑에 남자는 구덩이를 파고 호박을 심었다. 호박에 때때로 물을 주는 모습을 보았다. 내가 보기에는 호박에게가 아니라 죽은 나무에 물을 주는 듯했다. 나무는 죽은 게 아니라 그의 가슴에 살아 있었다. 나무도 그런 주인의 마음을 아는 것처럼 보였다. 호박 줄기가 무성하니 잎을 달고 뻗어나가도록 든든한 버팀목이 되어주었다.

오늘 빨래를 널다가 은행나무를 무심코 보게 되었다. 그런데 거기 빈가지 사이에 아이 머리만한 호박 하나가 자리를 잡고 있는 게 아닌가. 죽은 나무를 위한 주인의 마음을 알아챈 호박이 저리 야무진 놈 하나를 키워 내다니. 은행나무의 마른가지는 마치 그 놈을 떠받들고 있는 듯 보였다.

은행나무는 이제 마른버짐이 떨어져 나가듯 표피가 조금씩 떨어져나간다. 골목길에서 이웃사람들이 모여서 이야기를 하고 있다. 누군가의 입에서 '죽은 나무가 집에 있음 재수가 없다는데' 한다. 조만간 죽은 은행나무마저 눈앞에서 사라질 것 같다.

사랑은 자전거를 타고

"웬 자전거?"

"샀지. 당신 타라고…."

픽 웃음이 나왔다. 또 뭔 죄를 지었기에 자전거씩이나 자진 상납일까. 아무리 이리저리 조합을 해봐도 영 남편의 속맘을 짐작할 수가 없다. 이젠 뭐든 넘어가 준다. 그의 말대로 '아내의 건강을 위해서'라는데 토를 달 이유가 없다. 살아보니 알아봐도 별수 없고, 모르고 그냥 넘어가도 사는데 달라지는 건 없었다.

내가 유일하게 잘할 수 있는 운동은 자전거다. 운동장 가까이 살다보니 마음만 먹으면 언제든 탈 수가 있다. 자전거는 대단한 것이다. 산업혁명 이후 최고의 발명품이고, 지구를 살리는 첫째 도구가 자전거란 사실이다. 그런 의미에서 나 하나만이라도 자전거를 타는 것은 지구를 살리는 일에 일조를 하는 것이다.

자전거만한 기분전환제가 없다. 자전거에 앉는 순간 우울한 생각도 잔 근심들도 검불이 되어 날아간다. 친구들이 고급 승용차를 타고 멀리 드라이브를 다닐 때, 나는 자전거를 타고 바람 속을 달린다.

자전거는 추억을 불러온다. 그 추억 속에는 열세 살의 소녀에서 스무 서너 살의 내가 있다. 친구들과의 하이킹도 있고, 영글지 못한 미완의 연애도 있고, 한 남자의 입질에 홀랑 넘어가 코가 꿰인 사건도 있다.

중학교 때 시 오리 길을 걸어 통학을 했다. 여학생도 귀했고 자전거 타는 여자도 없던 때였다. 그 가을 추수를 끝내고 엄마는 벼 두 가마니를 팔아 내 자전거를 샀다. 자전거는 순전히 엄마의 오기와 과시욕의 결과물이었다.

옆집에 나보다 두 살 많은 재식이가 살았다. 그 아버지는 장날이면 늘 고주망태가 되어 동네를 시끄럽게 하였다. 평소 때는 얌전해서 말 한마디도 크게 못하는 사람이 술만 취하면 보이는 게 없었다.

어느 장날 저녁 그날도 남자는 술이 잔뜩 취했다. 다르다면 그 당시 처음 나온 파란색 '삼천리자전거'를 여보란 듯 비틀거리며 사온 거였다. 그 남자는 가끔 옆집의 젊은 과수댁이 딸 하나를 데리고 사는 게 영 눈에 거슬렸는지, 아니면 과수댁이 눈길 한 번 주지 않는 게 속상했는지 술만 취하면 주사를 부렸다. 그런 다음 날이면 재식이 엄마는 앞치마 밑에 고구마 같은 걸 감추고 우리 집으로 와서 선웃음을 짓다 가곤 했다.

며칠 뒤 엄마는 탈 줄도 모르는 딸의 자전거를 사왔다. 넘어져 다리에 상처가 나고 다리를 절룩거리며 자전거를 타게 된 날, 엄마는 목젖이 다 보이도록 크게 웃었다. 내가 바퀴 달린 기계를 맘대로 조종한 첫 번째의 사건으로 지금까지 그건 변하지 않은 채다.

자전거를 타고 대문을 나서면 엄마는 내 모습이 보이지 않을 때까지 바라보곤 했다. 자전거 통학은 즐거웠고 남학생에게 뒤지지 않을 만큼 잘 탔다. 허벅지가 굵고 장딴지가 유독 딴딴한 내 다리의 근육은 그때 다 생겼던 것 같다. 엄마 앞에서 보란 듯 자전거를 타고 마당을 빙빙 돌면 엄마도 따라서 돌았다. 메밀잠자리도 돌고 담벼락도 돌고 감나무의 홍시가 어지러워 떨어질 때까지 신이 나서 탔던 자전거. 한명의 관객을 위하여 나는 곡예사가 되었고, 그 풍경 속엔 늘 젊은 엄마의 모습이 있다.

경부고속도로 공사가 한창이던 때였다. 논을 가로 지르고 강을 건너 넓은 길이 뚫리기 시작했다. 흙먼지가 펄펄 일어나는 넓은 길로 여학생 대 여섯 명이 자전거를 타고 달렸다. 얼마나 멀리 갔던지 김천에서 추풍령까지 가고 말았다. 달릴 때는 겁도 없이 멀리 갔지만 돌아오려니 까마득했다. 해가 떨어지니 사방이 컴컴한 적막강산으로 변했다. 요행히 도로 공사를 끝낸 트럭 기사가 우리를 태워 줘서 집으로 무사히 돌아왔다. 지금 같으면 상상도 할 수 없는 일이지만 그 시절은 지금처럼 사람을 경계하고 무섭던 때가 아니었다.

지금도 그렇지만 나는 다소곳한 구석도 성질도 곰살궂지 못하다. 그러니 연앤들 했겠는가. 동갑내기는 같잖고, 나이 든 사람은 어렵고, 도대체 남자라는 존재에 대하여 흥미가 생기지 않았다. 어쩌면 그것은 환경 탓이었던 것 같기도 하다. 젊은 홀어미 밑에서 외롭게 자란 내게 남자는, 가까이 하기엔 너무 먼 두렵고 난감한 존재였다.

지금도 억울하게 생각되는 건, 결혼 전 선 한 번 본 적이 없다는 것이다. 그런데다 엄마의 눈이 무서워 연애는 상상도 할 수 없었다. 그렇다고 내게 뜨거운 눈길을 보내는 남자가 없었을까. 애교도 사교성도 없는 숙맥 같은 성격이 누군가에게로 쉽게 달려가지 못했을 뿐이다.

어느 뜨거운 여름날 친구들 여럿이 포도밭에 갔다. 그곳에서 '떠받는 소'처럼 생긴 한 남자를 만났다. 포도 상자를 길쪽으로 나르는 작업을 하고 있었다. 우리에게 상자를 옮겨주면 포도는 공짜로 실컷 먹여주겠다고 했다. 그날 우리는 두 상자쯤의 포도를 먹어 치웠다. 달콤한 포도향기는 젊은 아가씨들을 달뜨게 했고, 입심 좋은 남자는 우릴 품삯도 주지 않고 날로 부려먹었다.

'떠받는 소처럼 생긴 남자'가 어느 날 우리 집으로 불쑥 쳐들어 왔다. 아직 딸을 시집보내려고 맘도 먹지 않았던 엄마는 '딸을 달라'는 덩치 큰 남자 앞에서 아연실색했다. 놀란 가슴을 진정시키는데 며칠이 걸렸다. 그는 '쇠뿔은 단김에' 싶었던지 저돌적으로 뿔을 들이 밀었고, 서너 번의 밀당 끝에 엄마를 무너뜨렸다. 그때까지도 엄마 뒤에 숨어 있던 나는 엄마를 굴복시킨 그 남자의 박력이 좋았다. 콩깍지 낀 채로 결혼을 하고 평생 황소 같은 남자의 그늘에서 살아가고 있다.

그 여름, 친구들과 자전거를 타고 포도밭에만 가지 않았어도 내 삶이 달라졌을까. 하여간 지금 생각해보면 자전거가 내 인생의 화근이었다. 이제 와서 이런 저런 말이 무슨 소용인가. 다 인연이 닿아서 만난 것. 굳이 화근(禍根)이랄 필요는 없을 것 같다. 이만큼 탈 없이 살았는데 그건 내 인생의 화근(花根)이었다.

부드러워지는 연습

내가 자식을 키울 땐 의무감이 애정을 앞섰다. 자식을 낳았으니까, 부모가 되었으니까, 책임과 의무가 부모로서의 사명이라는 생각이 가슴을 지배했다. 그런데 한 다리 건너 태어난 손자는 의무감보다는 애정으로 다가온다. 자식을 키울 때는 몰랐던 재미를 손자를 보면서는 느낀다.

적막한 집안에 손자 녀석이 오자 활기가 사방에 넘친다.

"얘! 네 이름이 뭐니. 너~네 집은 어디야?"

도대체 이웃에 제 친구가 될 만한 아이가 없는 데, 설거지를 하면서 귀를 기울인다.

"너 누구랑 얘기하는 거야?"

이내 녀석의 또랑또랑한 목소리가 들린다.

"고양이하고요!"

녀석은 계속 고양이에게 묻고 있다. 네 엄마는 어디 있어. 동생은 없니. 아빠는. 귀찮을 정도로 묻고 있는 천진함에 절로 웃음이 난다. 고양이도 엄청 하고 싶은 말이 많을 것이다. 너는 누구니. 어디에 사니. 너희 집은 어디야. 아이가 묻던 대로 묻고 있을 것이다. 이제 녀석은 제 동생까지 데리고 나간다. 고양이에게 동생을 보여줄 생각인가 보다.

"고양이가 없어졌어요!"

저런, 그 사이에 고양이가 가버린 모양이다. 녀석은 제 동생을 달래며 고양이를 계속 기다리고 있는 눈치다. 고양이는 이미 사태 파악을 하고 모습을 감춘 것 같다. 먹이를 줄 녀석은 아니고 시끄럽게 굴기만 하는 녀석을 어딘가에 숨어서 보고 있을 것이다.

이제 녀석은 내 산책길에 따라 나선다. 운동장을 한 바퀴 걷는 동안에 나는 수다스런 할머니가 된다. 키 큰 나무. 부드러운 풀잎. 빨간 동백꽃. 돌멩이. 보이는 모든 것들의 이름을 가르쳐준다. 녀석은 가끔 나를 앞질러 질문을 하기도 한다. 제 어미는 또래 아이들에 비해서 어휘 선택이 놀랍다고 한다.

영리한 요즘 아이들. 허를 찔리고 웃고 만다. 녀석이 따라 나선 이유가 다른 곳에 있었던 것을. 자전거 대여점 앞에서 걸음을 멈춘 녀석이 제가 탈 만한 자전거를 만지작거리며 나를 쳐다본다. 저도 웃고 나도 웃는다.

요즘 부모들이 아이를 키우는 걸 보면 부럽다. 하루에도 수십 번 씩 아이에게 사랑한다고 말하고 뽀뽀를 한다. 아빠들은 당연한 듯 목욕시키고, 우유를 먹이고 기저귀를 갈아준다.

내가 아이를 키울 땐, 어른들 앞에서 젖을 물리지도 않았고 기저귀도 갈지 않았다. 돌아앉아서 하거나 다른 방으로 가서 했다. '사랑해'라고 밥 먹듯이 말하지도 않았다. 속으로는 귀여워할망정 요즘 젊은 부모들처럼 물고 빨지도 않았다. 애정표현에 서툴렀던 탓도 있었겠지만 그 시절의 분위기가 그랬다고도 할 수 있다.

'사랑해' '고마워' '미안해' 그런 말들은 자꾸만 해야 한다. 기계에 기름을 치듯이 사람 사이에도 그런 기름 같은 말이 필요하다. 정이란 말에서 나오고 말은 사람의 마음을 움직인다. 말하지 않아도 다 알겠거니 하는 건 순전히 자기만의 생각이다.

주는 대로 받는 게 세상 이치다. 사랑받고 싶으면 먼저 사랑하라고 한다. 손자한테도 사랑한다고 주책없이 자꾸 말해야 '저도 할머니 사랑해요' 하는 귀여운 소릴 들을 수 있다.

지금도 나는 애정표현에 서툴다. 자식한테도 남편에게도 마찬가지다. 그뿐만 아니라 내가 하는 일은 다 정당하고 옳다고 생각했으며 늘 자기중심적이었다. 설명은 인색하고 결과에는 분명한 나만의 잣대를 들이댔다. 행동에의 옳고 그름에는 날을 세우면서, 당근을 줘야할 땐 속 보인다며 그만 두었다.

그랬으니 아내 노릇인들 나긋하고 살가웠을까. 부부 사이는 가끔 유치해도 좋은 감정 표현이 이성적 판단보다 우선함을 알지 못했다. 요즘 젊은 부부들처럼 사랑해요. 힘내요. 당신이 최고. 다 잘될 거예요. 하는 양념들을 생략하다보니 맛도 멋도 없는 날들을 보냈다.

요즘 나는 부드러워지는 연습을 하고 있다. 원천봉쇄를 위한 간교도 늘고 있다. 반찬 없는 식탁을 차릴 때면 '반찬이 좀 그러네' 하고 미안한 듯 선수를 친다. 어쩌다 모임이 늘어지면 핑계거리를 찾는 대신 '늦어질 것 같아요. 어쩌죠★' 하고 이모티콘을 찍어가며 문자를 보낸다.

일상의 대화에 조미료를 치는 것. 돌아오는 뜻밖의 따뜻한 반응에 속으로 쾌재를 부른다. 그뿐인가. 즉각적 반응을 피하려는 노력도 한다.'기분 나쁜 문자나 이메일에 바로 대응

하지 마'라는 충고에 공감한 뒤로 성질을 누그러뜨리려고 애를 쓴다. 편안하고 부드럽게 곁을 내주는 사람, 이제는 그런 사람이 되고 싶다.

나를 분갈이 하고 싶다

 봄비가 온다. 마른 나무에 입 맞추며 내리는 비를 바라본다. 이때다 싶어 겨우내 거실에 있던 화분들을 밖으로 내놓는다.
 봄이 되면 농부 근성이 나타난다. 흙을 만지고 싶고 뭔가를 뿌리고 싶고 말을 걸고 싶다. 그럴 때면 채소 모종을 사다가 심기도 하고 화분의 분갈이도 한다.
 새끼를 쳐 비좁아진 화분을 툭툭 쳐본다. 팔에 느껴지는 느낌이 어림도 없다고 한다. 어린아이 달래듯 화분의 밑동과 옆구리를 살살 두드린다.
 손을 대면 좀처럼 멈출 수 없는 게 막무가내 덤비는 내 성격이다. 잎이 마르거나 늘어진 묵은 줄기들을 손질한다.

이럴 때면 내 안에 숨어있던 여성성이 모처럼 드러나 기분이 좋아진다.

드디어 나무가 뽑혔다. 하얀 머리카락이 엉킨 것 같은 실뿌리들이 온통 흙을 감싸고 있다. 단단히 굳은 흙은 좀처럼 부서질 줄을 모른다. 함께 붙어야 살고 떨어지면 죽는다고 단단히 교육이라도 받은 것 같다. 어르고 달래며 엉겨 붙은 뿌리들을 고른다.

구부러진 놈, 비비꼬인 놈, 다른 놈의 사타구니 속을 비집고 들어간 놈, 어디서부터 손을 대어야 좋을지 모르겠다. 일단 실뿌리들은 쳐낸다. 나름대로 살려고 몸부림 친 흔적이 가상하지만 다 봐줄 순 없다. 큰 줄기와 작은 줄기들을 갈라놓는다. 식구들을 두 방으로 가르니 숨이 트인다.

분가(分家). 줄이고 보태서 두 살림이 된다. 내 준 쪽은 허전하고, 나온 쪽은 부족하다. 우리는 끊임없이 허전하거나 부족한 부분은 채우려고 한다. 비우고 채우면서 한 세상을 다 보내는 것 같다. 허전하면 허전한 대로, 부족하면 부족한 대로가 되지 않기 때문에 온갖 사단이 벌어진다.

큰 포기들만 추려서 사기 화분에 심으니 인물이 훤하다. 구부리고 있던 다리와 허리를 펴는 것을 보니 속이 시원하다. 나무의 인물을 돋보이게 하는 것은 화분이다. 사람에게

옷이 날개이듯 나무에겐 화분이 그런 것 같다. 잘 생긴 것도 서 있는 자리가 초라하면 하품이 된다. 볼품없는 나무도 화분이 그럴듯하면 한결 인물이 난다. 사람도 다를 게 없다.

그동안 비좁은 공간이 얼마나 불편했을까. 나도 살면서 누가 내 속을 좀 알아줬으면, 이 답답한 공간을 벗어날 수 있게 해주었으면 싶을 때가 있었다. 나무도 가끔은 비좁은 공간에서 벗어나고 싶었을 것이다. 사람은 누구나 다 제 알량한 속내만 드러낼 줄 알지 다른 것들을 헤아리는 덴 늘 부족하다.

지금 내 속을 뒤집으면 저 화분 속 같지 않을까. 쓸데없는 욕심들이 실뿌리가 되어 뒤엉켜 있을 것이다. 화분을 쏟듯이 내 안도 한 번 거꾸로 쏟을 수 있었으면 좋겠다. 그 속이 오죽하랴. 까맣게 타버린 것, 썩어 문드러진 것, 너무 오래 우려내어 영양가 빠진 빈껍데기들이 실뿌리가 되어 단단히 똬리를 틀고 있을 것만 같다.

햇볕좋은 날, 나도 나를 분갈이하고 싶다. 버리고 세우고 쳐내어 가벼워지면 한결 기분이 산뜻해지지 않을까. 모자라는 속은 새 흙을 채워 넣어 다시 힘차게 뿌리를 뻗고 싶다.

내 안의 그물

삶은 그물 던지기의 연속이다. 늘 무언가를 기대하면서, 그것이 월척이든 행운이든 요행이든 던지는 건 내 몫의 바람이다.

젊은 날 나는 내 그물 속에 아름다운 것들만 가두려했다. 사랑, 열정, 꿈, 성공 같은 것들이 시퍼렇게 살아 퍼덕이길 원했다. 그러나 번번이 내가 던진 그물 속으론, 들어오기 바쁘게 달아나는 것들이 더 많았다. 서툰 솜씨는 생각하지 않고 애꿎은 연장 탓만 하였다. 사랑이 들어오면 고통도 따라 들어왔다. 사랑만을 원했기에, 이별은 내 몫이 아니었기에 만삭의 충만감을 느낄 수 없었다. 터져 버린 그물을 깁는 건 성가시고 애 마르는 작업이었다.

잠깐만 한눈을 팔아도 그물 안의 것들은 곧잘 빠져 나갔다. 놓친 것은 늘 아쉽고 안타깝고 허무했다. 사랑도 그렇고 그리움도 그렇고 내가 아낀 사람, 물건, 관계의 고리들이 흔적 없이 빠져 나가고 없을 때의 절망, 그 허허로운 쓸쓸함을 감당하기에 내 인내는 턱없이 부족했다. 그 때문에 내 주변엔 슬픔이 안개처럼 몸을 풀었고 갈등은 가슴 안에서 마디가 굵어갔다.

  고민하지 않는 삶이 있을까. 그물을 던질 때도 물때며 장소, 방향, 바람, 햇살을 가늠하고 주시한다. 신은 인간에게 아주 공평하게도 '어려움'을 주었다고 한다. 겪어낼 만큼의 시련을 주어 단련시킨 뒤에야 단비를 내린다고 한다. 내 그물은 더러 물결에 찢기기도 하고 어딘가로 떠내려가기도 했다. 떠난 사랑을 목말라하듯 잃어버린 그물을 찾아서 물속을 헤맬 때면 목이 타고 가슴이 타고 손마디, 발가락, 머리카락 끝까지 탔다.

  내 그물 안으로 들어온 건 다 내 것이라고 여겼다. 움켜쥐고 있으면 다 내 것일 줄 알았다. 그물 안을 채우는 재미에 도끼 자루가 썩는 줄 몰랐다. 그것들을 가두기에 내 그물이 너무 작다는 걸 깨닫기까진 수많은 시행착오를 겪은 뒤였다. 더 단단한 그물을 만드는 수고를, 터진 그물을 깁는 시간의 낭비를 알기까지는 눈물이 남아있을 때까지였다.

이제 나는 내 그물 안에 있는 것들을 놓아준다. 사랑이라는 이름으로, 혈연이라는 핑계로, 목숨과도 바꿀 수 없는 절대 운운 하면서 움켜쥐고 있던 것들을 놓아버린다. 그 자리에 똬리를 틀고 있던 욕심, 오만, 간섭, 편견, 꼬리는 없고 머리만 큰 내 그물 안의 아집들을 놓아준다.

글을 쓰는 것은 그물을 깁는 작업이다. 너무 많은 것을 가두려고 했던 내 글들의 포획망 안은 살아서 퍼덕거리는 것들보다, 가위 눌려 질식하거나 제 목소릴 내지 못한 채 비명횡사하는 주검들로 쓸쓸하다. 그것들에게 때론 박수를 치고, 눈물을 흘리고 가끔은 끌어안고 몸부림친다. 내 서툰 솜씨는 바늘에 찔리기도 하고 그물에 감길 때도 있다. 어떨 땐 그물에 갇혀 옴짝달싹 못하는 내 꼴을 보며 실소한다.

이제 나는 내 그물을 가만히 두려고 한다. 물결이 이는 대로 들어오고 나가고, 어쩌다 폭풍을 동반한 해일이 그물을 송두리째 앗아간대도 그것이 내 것이길 거부한다면 그냥 놔두리라. 다 쓸려가고 볼품없는 돌멩이만 남는다 해도, 지푸라기 같은 감상 따위에 유치해지고 싶지는 않다. 그래도 끌어안고 있어 내 미미한 체온이라도 남아있는 것이라면 매정하게 버리지는 않을 것이다. 아는가, 거기 어딘가에 작은 불

씨라도 남아 있을지, 겨드랑이에서 날개가 돋을지는 아무도 모른다.

　어부는 그물을 기우며 바다를 꿈꾼다. 만선의 꿈을 꾸며 손가락 끝에 힘을 준다. 그가 현실의 그물코를 꿸 때, 여자는 수없이 바다 밑을 자맥질하다가 용케도 바람 한 줄기 바늘귀에 꿴다. 가버린 사랑을 생각하며 한 코, 희미해진 기억을 떠올리며 한 코, 그리움을 상실해가는 마른 가슴이 애달파서 한 코, 그렇게 그물코를 깁다보면, 코가 풀린 줄도 모르고 헛손질을 하는 한심한 공상가였다가, 철없는 아이였다가 일상에 넌덜머리 내는 아낙네가 된다.

　아무리 박대하고 혹사해도 그물 안에서 버티는 것들이 있다. 상념의 무덤 속 부장품들이다. 다 짜내고 다 보내고 다 털어버려도 남아 있는 그것은 분신이다. 영혼이고 자존심이다. 시린 등뼈다. 억울한 세월이다. 오기다. 바람이다. 인내다. 더할 수 없이 아름다운 짝사랑이고 열정이다.

찔끔 男 버럭 女

　입장이란 것이 세월 따라 바뀌는 모양입니다. 바뀌는 입장에 현명하게 대처하지 못해 당혹감에 빠질 때가 종종 있습니다. 세상인심이 날로 바뀌듯이 아내가 나를 대하는 인심도 사뭇 달라짐을 느낍니다.
　누군가에게 반기를 든다는 것은 용기를 필요로 합니다. 예전엔 용기도 꽤 있는 편이었는데 지금은 어림도 없는 일입니다. 나는 뒤끝이 없는 반면에 목소리가 크고 벌컥 성질을 잘 냅니다. 그런 나를 아내는 아예 상대하지를 않았습니다. 내가 무슨 소릴 해도 잘 참았습니다. 그런데 그것도 다 지난 날의 얘깁니다. 요즘 어떤지 아십니까. 아내의 목소리가 나보다 더 큽니다. 걸핏하면 버럭 소리를 지르고요, 나는 그

때마다 움찔 하고 맙니다.

하루는 저녁 모임에 간 아내가 볼이 부어서 들어 왔습니다. 잘 놀다가 잘 먹고 왔을 텐데 입이 나올 일이 뭐가 있냐고요. 아내가 가방을 집어 던지고 눈을 흘깁니다.

"내가 오늘 당신 때문에 얼마나 무안을 당했는지 알아?"

아니, 밖에서 잘 놀다 와서 이 무슨 말입니까. 나 때문이라니요. 알아듣기 쉽게 말하라고 했지요. 이야기인 즉 대충 이렇습니다. 남자들의 '흡연' 문제가 식후의 화제가 되었답니다. 그 자리에 함께한 남자들의 얘기가 담배를 끊었다. 이 나이에 아직도 담배를 피우는 사람이 있느냐. 밖에서 피우지 집안에선 절대 안 피운다. 그때 아내가 '우리 집 남자는 방 안에서는 물론, 이불 속에 누워서도 피운다.'고 했답니다. 그랬더니 간 큰 남편이니 이해심 많은 아내니 하다가 결국은 물러터진 아내에게 더 큰 문제가 있다고 하더랍니다.

"사람들이 나를 이상하대. 남편 건강을 위해서라도 끊게 해야지, 그냥 두는 내가 속도 없는 여자래."

그날 이후 아내의 태도가 싹 달라졌습니다. 라이터를 감추지를 않나. 재떨이를 치우지를 않나. 담배를 피울 때마다 창문을 확 열어놓고 시위를 합니다. 그럴 때마다 물론 담배를 끊고 싶지요. 그렇지만 다른 건 몰라도 그것만은 안 되는 걸

어찌합니까.

젊을 적엔 자다가도 곧잘 담배를 피웠지요. 담배 연기를 길게 내뿜으면 아내는 지금처럼 담배냄새가 역겹다거나 하지 않았어요. 곧잘 겨드랑이 밑을 파고들었지요. 다 지나간 날의 힘깨나 쓸 때의 얘깁니다. 남자는 나이 들면 늙은 말 취급이죠. 거추장스런 존재가 됨을 느끼는 순간 그 쓸쓸함을 어찌 이루 다 말합니까.

더 큰 문제는 손자들이 올 때입니다. 딸들은 제 어미와는 달라요. 아예 안면 몰수입니다. 담배 냄새 난다고 옆에 오지도 못하게 합니다. 손자랑 같이 놀려면 귀찮은 일이 한두 가지가 아닙니다. 밖에서 들어오면 두말 할 것도 없이 손을 씻어야합니다. 그렇지 않고 아이들 손이라도 잡았다간 야단이 납니다. 담배는 누가 말하지 않아도 밖에 나가서 피웁니다. 그리곤 꼭 양치질을 합니다. 그런데 그게 가능하더란 말이죠. 손자가 무섭긴 무서워요. 그 말은 아내는 그만큼 편하다는 얘기죠.

사단은 엉뚱한 곳에서 터졌습니다. 이젠 담배 문제가 아니고 소변이 튄 변기가 말썽입니다. 나이가 든 탓인지 변기 뚜껑을 열기도 전에 '찔끔' 할 때가 간혹 있습니다. 아내가 또 버럭 소리를 지릅니다.

"아니, 이젠 하다하다 별짓을 다해요. 정조준을 하든지, 아예 앉아서 누든지 하라고요."

이렇게 우리의 입장이 달라졌습니다. 사소한 일에도 목소리를 높이는 고약한 아내를 혼을 내 주고 싶지만 마음뿐입니다. 불쌍한 남편 시리즈가 시중에 나돌아도 나와는 상관없는 얘기려니 하고 웃었습니다. 그런데 그게 결코 웃어넘길 이야기만은 아니라는 게 슬픕니다. 아내가 다정한 것도 아니고 낙이라곤 담배뿐인데 그것마저 끊으라니요. 아내에게 항의를 해보지만 백전백패입니다. '담배나 끊고 말해요' '똑 바로 누면 뭐라고 합니까' 하는 야멸찬 소리만 돌아옵니다.

아내는 오늘도 벚꽃구경을 간다고 나갔습니다. 누구랑 갔냐고요. 왜 함께 가지 않았냐고요. 아직도 뭘 모르십니까. 아내한테 어디 가느냐고 물었다간 혼난다는 얘기 말입니다. 그리고 아내를 따라 나섰다가 무슨 봉변을 당할지 압니까. 그냥 담배나 피며 집에 있는 게 속 편하죠.

여인과 구두

 계단을 내려다본다. 그것은 아득한 현기증을 불러일으킨다. 수없이 오르내린 계단 앞에서 주춤거리는 내 모습이 가을 낙엽처럼 쓸쓸하다. 어느 날부터 계단을 오르내리노라면 이가 맞지 않는 문짝이 삐걱거리는 소리가 무릎 안에서 들린다.
 굽이 낮은 신발을 샀다. 그저 발이 편해야 한다는 사실만 염두에 두고 골랐다. 디자인이 예쁘면 굽이 높고 굽 낮은 건 투박하고. 가게 주인은 남의 속도 모르고 자꾸만 하이힐을 내놓는다. 아직 젊으신데 이런 게 좋지 않을까요. '젊으신데…' 그 말을 믿고 싶다. 그 입에 발린 말이 우울을 한 겹 벗겨주는 것 같다. 그가 권하는 구두는 얼핏 봐도 어찌나 예쁜지 그대로 신고 밖으로 나가고 싶었다.

  남자나 여자나 멋쟁이는 구두를 잘 신는다. 아무리 옷을 잘 입어도 구두가 받쳐주지 않으면 멋이 반감된다는 사실은 미적 감각이 둔한 나도 아는 일이다. 구두를 보면 대충 그 사람의 성격이 깔끔한지 털털한지 알 수 있다고 한다. 예쁘게 화장한 얼굴, 세련된 옷차림, 뾰족한 구두를 신고 사뿐사뿐 걸어가는 여자의 뒷모습은 보기만 해도 황홀 그 자체 아닌가.

  구두의 굽이 높아지는 것과 여자의 콧대가 높아지는 것을 무엇으로 막으랴. 여자의 콧대는 제 풀에 죽어야지 누가 꺾으려 했다가는 주위가 시끄럽다. 나도 한때는 콧대 높은 여자였다. 뾰족구두를 신고 아랫배에 힘을 주고 걸으면 두려운 게 없었다. 까마득히 높은 계단 앞에서도 정말 망설이지 않았다. 몸이 느슨해 있다가도 구두만 신으면 팽팽하니 당긴 활처럼 탄력을 받는 여자의 몸, 하여 구두는 여자를 여자답게 하는 최고의 무기가 된다. 최고급 최신의 무기를 착용한 여자들의 다리는 얼마나 기세등등한가.

  신발장을 열고 신발들을 들여다본다. 지금의 내 모습처럼 후줄근한 검정구두가 먼저 눈에 들어온다. 저 구두를 신고 얼마나 거리를 헤매고 다녔던가. 때로는 기쁜 마음으로 어떨 땐 어깨가 축 처져서 걷기도 한, 오래 함께해서 정든 구두다. 굽이 높은 연두색 구두는 색깔이 마음에 들어서 샀다. 요즘 같은 봄날 그 구두를 신고 연둣빛 재킷을 걸치면 나는 풋풋한 한 그루 나무가 된 듯했다. 큰딸이 사준 까만 벨벳 구두는 내게는 그런대로 화려한 것이다. 그 구두를 신고 검은 코트 자락을 휘날리며 누군가를 만나러 찻집 문을 열곤 했다. 카키색 신발도 아직 새 것이고, 은회색 하이힐은 굽까지 갈아 놓았다. 비싼 신발들은 아니지만 그래도 한때는 반짝였을 구두들. 흰색과 베이지와 까만 에나멜 샌달들은 나들이 날만 기다리는데 여름이 다 지나갔다.

하, 내게도 제법 구두가 많구나! 그러니 웬만한 멋쟁이들 구두가 수 십 켤레 된다는 말이 거짓말이 아니지. 구두를 말할 때 우리는 곧잘 여자의 허영을 들먹인다. 구두의 입장에서 보면 억울하기 짝이 없는 일일지도 모른다. 그러나 혹자는 여자의 구두는 허영과 비례한다고 말하기도 하니 영 빈 말은 아닌 것 같다. 여자가 존재하는 한 그녀들의 기호를 맞추기 위해서라도 구두는 날로 발전하고 세련되어 갈 것이다.

내가 처음 구두를 신어본 것은 고등학교를 막 졸업했을 때였다. 대학에 떨어져 의기소침해 있는 나를 달래줄 량으로 구두를 맞춰준 사람은 외숙모였다. 외숙모는 서울 사람으로 대단한 멋쟁이였다. 디자인이 단조롭던 까만 구두는 꼭 수녀님 신발 같기만 해서 내가 원하는 것과는 거리가 멀었다. 일부러 보석이 박힌 뾰족한 하이힐을 몇 번이나 만져 보았는데도 그날만은 눈치가 코딱지만큼도 없던 외숙모였다. 그 단화를 신고 다닌 기억이 별로 없다. 아마 그때의 내가 어딘가로 즐겁게 나다닐 그런 상태가 아니어서 구두도 그냥 신발장에서 하릴없이 빈둥거리며 지내지 않았을까 싶다.

  그리운 시절은 그리 멀리 있는 게 아닌 것 같다. 아파보니 안 아팠을 때가 그립고, 헤어지고 보니 같이 있었을 때가 생각나고, 오늘은 어제가 그립고 어쩌면 사람들은 늘 그리운 무언가를 추억하고 기억하며 살게 되나 보다. 의사는 내게 말했다. 앞으로는 되도록 편안한 신발을 신으세요. 굽 높은 구두는 무릎에 부담을 줍니다.

  새로 산 신발을 신고 밖으로 나왔다. 발밑이 딱딱하지 않고 폭신한 느낌이 좋다. 아랫배도 긴장하지 않고 편하다. 굽 높은 신발이 뒤꿈치를 들고 걷는 기분이라면 지금 신발은 꾹꾹 누르며 걷는다. 세상살이 살아보니 사뿐히 걷는다고 구름처럼 살아지는 것도 아니었다. 툭박지더라도 뒤꿈치 꾹꾹 눌러가며 사는 게 실속 있을지 모른다. 뾰족한 구두에서 벗어나 편안해진 발처럼 그동안 나를 옥죄던 구속들로부터 벗어나 자유롭고 싶다. 뭉툭한 구두처럼 두루뭉술하니 속 편하게 사는 것도 괜찮을 것 같다.

　하늘을 보며 느릿느릿 걷는다. 여름도 시나브로 가고 나뭇가지 끝에서 가을 냄새가 난다. 상큼한 향기가 어디서 풍기나 했더니 하이힐을 신은 미끈한 다리가 내 앞으로 걸어간다. 내 인생에도 저런 봄날이 있었던 것을.

　가슴을 쑥 내밀고 허리를 꼿꼿이 해본다. 아랫배에 힘을 주니 그만 다리가 뻣뻣해진다. 이렇게 딱한 일이 있나. 이미 살랑살랑 물 건너 가버린 봄날을 그리워한들 뭐하랴. 내 인생의 가을이나 뭉툭한 구두로 꾹꾹 누르며 살아갈 일이다.

3장

기다리는 여자

청춘 같은 거 필요 없어요

6·25전쟁이 일어난 지 60년이 넘었다. ○○일보에서 '나와 6·25'란 제목의 글을 봄부터 싣기 시작했다. 글을 쓴 사람들은 직접 군인으로서 전쟁을 겪은 사람이거나 그 가족이었다.

아침이면 눈물을 찔끔거리면서도 그 기사들을 읽었다. 너무 많은 사람들이 이루 말할 수 없는 참상을 겪었고 그것은 남의 이야기가 아니라 나의 아픈 이야기이기도 했다. 구구절절한 사연들 앞에서 내가 느낀 성장통쯤은 아무것도 아니라는 생각이 들었다.

지금도 전쟁이 끝난 것은 아니다. 그것은 천안함 사건이 잘 말해 주고 있다. 46명의 젊은 목숨을 앗아간 사건은, 총

한 방 쏘아 보지도 못하고 속수무책으로 당한 전쟁이었다. 죽은 젊은이들을 생각하면 하나 같이 아깝고 억울하고 원통한 마음을 달랠 길이 없다.

어느 날 갑자기 남편과 아버지를 잃은 이들의 슬픔을 누가 위로할 수 있으랴. 그들의 모습을 지켜보면서 먼 옛날 어떤 모녀의 모습이 자꾸만 떠올랐다. 그때마다 명치끝에 아린 통증이 살아났다. 지금은 기막힌 슬픔 앞에 넋을 놓고 있지만 살아가면서 느끼게 될 떠난 자의 빈자리를 어떻게 할 것인가. 빈자리는 작아지거나 없어지는 것이 아니라 점 점 더 커지고 넓어진다.

무엇으로도 사람이 떠난 자리를 채울 수는 없다. 어떤 위로나 보상도 한 사람의 자리와 바꾸지 못한다. 남편이란 이름과 아버지란 이름, 더욱이 아들이란 천륜을 무엇으로 바꿀 수 있겠는가. 앞으로도 이런 유사한 사건들은 계속 일어날지 모른다. 명명백백한 증거 앞에서도 오리발을 내미는 북한이야 말할 것도 없지만, 우리 국민 중에서도 천안함 사건이 날조니 뭐니 말도 안 되는 소리를 하는 사람들이 있다. 그럴 때면 몸속의 피가 머리로 다 몰리는 느낌이다.

내 어머니는 전쟁미망인이다. 봄 햇살 같은 나이에 남편을 잃었다. 휴전이 되고도 한참 후에 기다리는 사람은 오지 않고 전사통지서만 왔다. 눈으로 보지 않은 것은 믿을 수가 없었고 믿고 싶지도 않았다. 살아서 올 것이라는 기약 없는 기다림만 가슴 안에 자리를 잡았다. 젊은 여자가 혼자 산다는 것은 그 어떤 것도 참아내고 이겨내야 하는 자기와의 끝없는 전쟁이었다. 시댁은 찢어지게 가난하였고 식구가 많았다. 홀로 된 며느리나 동서는 거추장스런 존재에 지나지 않았다. 결국 친정으로 왔다. 아이 딸린 청상의 처지를 누가 반겨 맞았으랴.

친정은 마을에서 부자였다. 전답이 무척 많았다. 그러나 모녀가 세끼 밥을 먹으려면 일을 해야 했다. 친정의 부엌데기가 되었다. 온갖 궂은일을 다 했다. 모내기철엔 허리 펼 사이 없이 모를 심었다. 자고 일어나면 눈이 퉁퉁 부었다. 세경 한 푼 못 받는 일꾼이었다. 밭도 매고 베도 짜고 김도 매고 타작도 했다. 오직 아이와 먹고 사는 것이 그녀의 전부였다. 그런 그녀에게 누군가가 슬며시 바람을 넣었다.

친정에서 언제까지 머슴살이만 할 거냐. 친정을 벗어나는 길이 사는 길이다. 사는 길이란 말에 솔깃하여 친정을 나왔다. "저 년 바람난 거 아녀?" 할머니는 딸의 분가가 못마땅했다. 날로 부려먹던 머슴 하나가 없어진 때문이다. 지금도 어머니는 그때를 '시집살이보다 힘든 친정살이'였다고 한다.

남의 집 밭을 매고 베를 짰다. 고된 생활이었지만 돈이 주머니에 들어왔다. 한 푼도 쓰지 않고 모아서 재봉틀 한 대를 샀다. 부자가 된 것 같았다. 그날부터 동네 사람들의 옷을 만들기 시작했다. 등지기, 조끼, 적삼, 담배쌈지, 버선, 앞치마, 속곳 등.

마을 사람들은 돈 대신 쌀이나 보리를 주었다. 손끝이 야무지다는 소문이 나면서 이웃동네에서도 일감을 가져왔다. '과부가 삼년이면 깨가 서 말이요 홀아비 삼년이면 이가 서 말'이란 말은 그녀를 두고 한 말이었다. 알토란같은 논 서마지기를 샀다. 눈 뜨면 논에 가서 살고 밤에는 삯바느질을 했다. 그런 그녀에게 또 누군가 바람을 넣었다. 아까운 청춘 그렇게 다 보내 버리고 말거냐고.

"나는 청춘 같은 거 필요 없어요. 그런 거 몰라요."

청춘이 뭔지 몰랐던 여인. 청춘에 속절없이 떠나간 신랑은 그녀의 청춘까지 가지고 가버렸다. 남편의 존재감도 상실감도 느낄 새 없이 생존에의 오기 하나로 버티는 그녀를 누군가는 장난삼아 찔러보는 거였다.

사람들은 흔히 세월을 무심하다고 한다. 누구에게나 똑같이 흐르니 공평하다고도 한다. 그러나 어찌 그렇다고만 할 수 있으랴. 같은 세월을 두고 어떤 사람은 아깝다하고 누구는 징그럽도록 모질다 하는지. 어머니에게 세월은 무심하지도 유수 같지도 않았다. 심줄처럼 질기고 독한 것이었다.

휴전이 되고 몇 년 뒤 김천시에 현충탑이 세워졌다. 인근의 유가족들이 그 자리에 다 모였다. 귀밑에 솜털도 가시지 않은 스무 살 안팎의 젊은 청상들이 소복을 입고 모여들었다. 그런 여인들을 며느리와 딸들로 둔 부모들의 마음이 어떠했을까. '다들 어찌 살 꺼나. 저 청춘을 어떻게 보낼 꺼나' 하고 서로 부둥켜안고 울었다고 한다.

"한두 해 지나니 젊은 과부들이 자꾸 줄어드는 기라."

"왜요?"

"개가(改嫁)를 한 게지."

"엄마는 왜 안 하셨어요?"

"네 아버지 기다렸지."

어머니의 기다림은 언제쯤 끝이 날까. 그것은 기다리는 마음을 마음에서 몰아내야 끝이 난다. 이제 어머니가 말하는 무심한 세월은 기다림의 주체를 바꿔 놓는 긴 시간이 되었다. 기다림에도 분명 시효가 있을 터. 이제는 아버지가 어머니를 오매불망 기다리고 있으리라.

기다리는 여자

　삼거리 주막의 주모는 밤마다 여자를 찾아왔다. 아이는 자는 척하며 그네들의 소곤거리는 말소리에 귀를 세웠다. 주모는 여자더러 팔자를 고치라고 다그쳤다. 청춘이 구만리 같은데 뭣 때문에 혼자 살 거냐며 꼬드겼다.
　아이는 밤마다 여자의 치마끈을 꼭 잡고 잠이 들었다. 주막집 여자는 아이만 보면 거추장스런 물건 보듯 얼굴을 찡그리며 혀를 찼다. 예닐곱 살의 아이에게 주모는 호랑이보다 더 무서웠다. 달빛이 환한 밤이면 음흉스런 고양이처럼 찾아와 방문 고리를 흔들었다. 그림자에 놀란 아이는 여자의 가슴 속으로 파고들었고, 그녀는 숨을 죽인 채 아이를 안고 잠든 척했다. 그런 밤은 뒤란 대숲을 스쳐가는 바람도, 마당에

뒹구는 나뭇잎소리도 청상의 가슴에 서러움을 더했다.

여자는 두 얼굴을 가졌다. 차가운가 하면 뜨거웠고 조용한가 하면 사나웠다. 조신하니 바느질을 하다가도 미친 듯 산으로 내달렸다. 그때마다 여자의 치마꼬리에서 알짱거리는 딸. 꿈결처럼 스쳐간 사랑의 흔적이다. 딸에 대한 애정은 병적일 만큼 각별해서 진저리를 치며 예뻐하는가 하면 오금을 박으며 저주하기도 했다. 여자에게 아이는 애정이자 갈등이었다. 삶을 지탱해주는 버팀목이자 굴레이기도 했다.

가슴 속에서 훨훨 불이 나면 여자는 산으로 갔다. 짓눌린 등짐 같은 지게를 내려놓고 바위에 걸터앉아 노래를 불렀다. 처음엔 정신을 놓은 것처럼 흥얼거리다가 나중엔 설움에 겨워 작대기로 바위를 두드리며 목멘 소리를 질렀다. 청승맞은 노랫소리는 애조를 띠고 골짜기로 퍼져나갔다. 그녀가 노래를 부르는 동안 아이는 가시에 찔려가며 빨간 망개 열매를 꺾어다 그녀 앞에 놓았다. 왠지 그녀가 불쌍하고 자신의 존재가 크게 잘못된 것 같아서였다.

사람들은 그녀를 초년과부라 했다. 어떤 이들은 전쟁미망인이라고 했다. 전쟁은 한 여자의 삶을 송두리째 앗아가 버렸다. 전쟁은 오래전에 끝났지만 여자에겐 아직 끝나지 않았다. 그녀에겐 장래를 약속한 남편이 돌아와야 종전(終戰)인

것이다.

　먼 산만 보아도 두 눈에 눈물 그렁한 여자. 남편의 얼굴만 떠올려도 가슴 먹먹한 여자. 한없이 나약하지만 질경이처럼 강인한 여자. 질풍노도의 삶을 고스란히 몸으로 받아낸 여자.

　그런 여자를 엄마로 둔 내 유년은 늘 새가슴처럼 팔딱거렸다. 엄마는 산에 가서 땔나무를 하고, 산등성이에 올라 먼 신작로를 바라보며 아버지를 기다렸다. 추운 겨울 날, 눈비에 젖는 줄도 모르고 산길을 헤매는 엄마 뒤를 가쁜 숨 헐떡이며 따라가 치맛자락에 매달리면, 북받치는 슬픔은 산속에도 길섶에도 숨어 있다가 어둠처럼 모녀를 덮치고는 했다.

　젊디젊은 과수댁에게 자식은 무엇이었을까. "저 아이 없인 못 살아요." 하다가도 "저 아인 자식이 아니라 웬수예요." 하던 가슴 속 갈등. 흔들리는 마음을 다잡으려고 밤늦도록 바느질을 하고, 시집가는 처녀들의 베갯모에 수를 놓아주던 심정을 어찌 어린 내가 헤아릴 수 있었으랴.

　외할아버지는 밤마다 우리 집을 한 바퀴 돌았다. 홀로 된 딸을 지키는 것이 무슨 큰 의무나 되는 것처럼 기다란 작대기를 들고 야경꾼 노릇을 하였다. '어험' 하는 기침소리는 마치 아무도 내 딸을 넘보지도 얼씬거리지도 말라는 엄포 같았다. 눈이 오나 비가 오나 하룻밤도 거르지 않았다. 사람은 길들여지게 마련인 듯 여자는 야경꾼이 지나가야만 깊이 잠들 수 있었다. 모든 것은 시대를 잘못 만난 때문이요, 박복한 팔자 탓이라 여겼다. 청상이 무슨 죄인이기나 한 것처럼 보이지 않는 감옥살이로 젊은 날을 보냈다.

숱한 유혹에도 굴복하지 않은 여자. 수절을 효(孝)로 생각한 바보 같은 여자. 애면글면 키운 딸을 시집보내며 펑펑 울어버린 여자. 마흔다섯의 나이에 장모가 된 여자.

엄마는 손자가 태어날 날을 기다렸다. 소창지 두 필을 사서 기저귀를 만들었다. 아기의 배냇저고리를 만들면서 홀로 미소 지었다. 내가 이리 행복해도 되는 건가, 처음으로 맘 놓고 웃다가 잠들었다. 손자를 가슴에 안던 날 뜨거운 불덩어리 같은 것이 가슴 속에서 울컥 올라왔다. 하루에도 수없이 아기의 사타구니를 쓰다듬었다. 새근새근 잠든 아기를 바라보며 온갖 근심을 다 날려 보냈다.

이제는 여든도 넘은 어머니. 지아비의 정도 모른 채 외롭게 살아온 삶을 생각하면 가슴이 미어진다. 꽃다운 나이에 홀로 딸을 키우며 험한 세상 살아내기가 얼마나 힘들었을지 이만큼 살아보니 깨닫게 된다. 외로움이 뼛속까지 사무쳤던 엄마는 딸이 자식을 많이 낳길 원했다.

그 시절에 야만인 소리를 들어가며 삼남매를 낳았다. 낳기만 했을 뿐 나는 바쁘다는 핑계로 아이들에게 건성이었다. 어쩌면 엄마를 믿고 짐짓 아이들을 맡겼던 것 같기도 하다. 엄마는 손자손녀에게 그지없이 살갑고 후덕한 할머니였다. 늘 '내 새끼'를 입에 달고 살았다. 그때만은 행복해 보였다. 그런 줄만 알았다. 가슴 안에 한 남자를 향한 그리움의 웅덩이가 늘 허전한 바람소리를 내고 있는 줄 몰랐다. 마른 세월을 보내는 동안 '내 새끼'가 자라서 장가를 가고 또 새끼를 낳았다. 어느새 그녀는 증조할머니가 되어버렸다.

역사는 나라에만 존재할까. 한 여자의 굴곡진 인생사는 역사의 뒤안길에 남겨진 넋두리일 뿐일까. 주권 잃은 나라에서 태어나 유년기를 보내고, 곤궁한 시대를 살다가 해방을 맞고, 조혼의 풍습에 따라 시집을 갔다. 신혼의 단꿈에서 깨기도 전에 전쟁이 일어났고, 신랑은 나라의 부름에 전쟁터로 갔다. 그리고 60년의 세월이 흐른 지금까지 돌아오지 않고 있다.

    눈물이 강을 이루다 강물처럼 깊어진 여자. 평생을 한 남자만 그리워하다가, 이제는 그 남자에게로 가고 싶은 늙은 여자.

며칠 전, 보건소에 가서 시료채취를 하고 왔다. 입 안의 침 한 방울이면 되는 것을 그동안 미뤄온 것이 후회가 되었다. '태극기 휘날리며'라는 영화가 있었다. 첫 장면에 국군 유해 발굴현장을 보여준다. 그때부터 늘 머릿속에 아버지의 유해를 찾을 수 있지 않을까 하는 생각을 했다. 이제 어머니는 연세가 많다. 요즘 와서 병원을 들락거리는 일이 잦다. 더 이상 미룰 일이 아니라는 생각이 들었다. 어머니 생전에 아버지의 유골을 찾는다면 한 여자의 지난한 기다림도 끝나지 않겠는가.

기다림은 가슴 안에 나이테를 만든다. 그것은 매일 자라는 손톱 같은 것이어서 아무리 깎아내도 또 자란다. 어머니의 가슴 속은 누군가를 향한 분노와 원망, 그리움, 갈등, 욕망 같은 것이 켜켜이 지층이 되어 있으리라. 그녀가 말하는 무심한 세월은 가슴 안에 바다라도 만들었는지 요즘은 도무지 속내를 보이지 않는다. 자식 하나 때문에 모든 걸 희생한, 그런 어머니가 있어 나는 외롭지 않았고, 힘들 때면 기대었고, 비바람 칠 땐 등 뒤에 숨을 수 있었다. 가없는 바다 같은 어머니. 그 바다가 요즘 앓고 있다.

오늘도 국군유해 발굴은 진행되고 있을 것이다. 그 작업은 앞으로 점점 더 비무장 지대로 북녘 땅으로 넓혀갈 것이다. 60여 년 전 어느 산하에 외로이 묻혔을 내 아버지의 **뼛조각**이 햇빛을 볼 수 있기를. 자식의 침 한 방울로 아버지를 찾는 기적이 일어나기를, 한 여자의 기다림이 이승에서 끝이 나기를, 나는 기다리고 있다.

어머니의 우물

　우물이 소리를 낸다. 새 물을 만드는 게 쉽지 않은가 보다. 낡은 연장이 크르륵 거린다. 밤새도록 우물이 웅웅거리는 소리를 듣는다.
　우물은 늘 한결같이 물을 퐁퐁 낳는 줄 알았다. 늘 그 자리에 고만한 자리를 차지하고 있는 내 우물이 탈이 날 줄 몰랐다. 늘 새 물을 만들던 우물. 퍼고 퍼내어도 늘 넘치던 우물. 지금 그 우물을 바라보는 마음이 우울하다. 우울한 마음은 잔가지 걱정들을 몰고 온다. 괜찮을까. 근심은 유리창도 흐리게 한다. 먼 산의 단풍이 말라가는 빛깔도 눈이 올 것 같은 뿌연 하늘도 우울한 빛이다. 밤거리를 밝히는 휘황한 불빛, 오고가는 사람들, 창문을 흔들고 가는 바람 소리마

저도 근심을 불러온다. 내 일상에 켜진 붉은 신호등. 일시 정지가 아니라 한동안 고장이다. 생활의 리듬이 얼음장이 깨지듯 '쩍' 소리를 낸다. 팔순의 노모가 고관절을 크게 다쳤다. 수술을 하고 꼼짝없이 누워 있다. 더 큰 일은 연로한 탓인지 공간지각 능력도 떨어지고 의식 또한 과거와 현재를 넘나든다. 당신이 처한 상황을 인정하려 들지 않는다. 내가 왜 이래. 여기가 어디냐. 수술 후의 일시적 현상이라지만 내 가슴이 빙판이 된다.

노모의 깊은 우물. 우물을 자꾸만 덮는다. 거기 우물이 있는 줄을 아는데, 가린다고 감춰지는 것도 아닌데 무의식 속에서도 마른 손은 정지 신호를 보낸다. 정화작용을 멈춘 우물. 내가 할 수 있는 건 부지런히 부유물을 걷어내는 일이다. 비밀한 것도 수줍은 것도 거룩한 본능까지도 냄새를 풍기는 우물 속으로 내 의식이 잠수를 한다.

어제는 밤늦게 집으로 왔다. 꼬박 어머니 곁을 지킨 지 열엿새 만이다. 오래도록 비운 집도 문제지만 방치한 남편도 걱정이 됐다. 집안은 어지러웠다. 여기저기 흘린 담뱃재. 더 이상 꽂힐 꽁초 자리도 없는 재떨이. 그의 마음을 보는 것만 같다. 벗어서 아무렇게나 던져놓은 양말들. 말로는 '잘하고 있어. 깨끗이 치울게' 했던 남편의 말은 빈말이었다.

"봐요. 나 좀 보라고요. 내가 먼저 죽어도 이래 놓고 살 거요?"

"걱정 마. 내가 당신보다 먼저 갈 거니까."

아내의 말은 그저 건성으로만 듣고 능글거리기까지 한다. 결혼하고 지금까지 빗자루 한 번을 들지 않는 사람이다. 그러고 보면 장모의 사고로 아내를 병원으로 보낸 그 순간, 그에게도 '아내의 부재'라는 사고가 생긴 것이다. 담뱃불 붙일 때 말고는 가스레인지 옆에는 얼씬도 않던 사람이 그래도 뭘 끓여먹긴 한 모양이다. 흘린 국물로 눌어붙은 자국이 엉망이다. 그것을 발전이라고 해야 할지, 그것 하나도 깨끗이 못하냐고 지청구를 해야 할지 모르겠다. 화장실 문을 여니 지린내가 고약하다. 세면기는 며칠 물 구경도 못한 아이의 낯짝처럼 꾀죄죄했다. 쓸고 닦고 버리는데 자정이 넘었다.

잠결에 들리는 휴대폰 벨소리. 확 달아나 버리는 잠. 불길한 예감.

"보호자 되시죠? 병원으로 오세요. 환자분이 넘어졌어요."

이 일을 어쩌나. 이 상황에 또 넘어지면 날더러 어쩌라고.

겨울 새벽, 택시를 기다리며 서 있는데 눈물이 났다. 어젯밤 병실을 비운 후회와 어머니에 대한 연민과 내 처지에 대한 비애로 비죽거리며 눈물이 났다.

택시기사가 백미러로 내 모습을 보는 게 느껴졌다. 내 꼴이라니, 부스스한 머리에 화장기 없는 얼굴, 식전 댓바람부터 병원으로 가는 여자의 모습이 심상치 않았을 것이다. 60대로 보이는 기사님은 목소리가 부드러웠다. 잠깐 내 사정을 들은 아저씨는 자신도 어머니가 치매로 삼 년째 누워 계신다고 했다. 처음엔 집안이 엉망이더니 지금은 나름대로 질서가 잡혀 가족들이 돌아가면서 어머니 곁을 지킨다고 했다.

"다친 어른이야 시간이 지나면 낫지요. 너무 애쓰지 마세요."

그래 맞아. 아저씨 말씀대로 너무 애쓰지 말고 시간이 흐르길 기다리자. 살아있는 한 견디지 못할 일은 없는 것이다. 어머니도 나도.

병실 안은 고요했다. 어머니의 우물에서 물이 솟는 소리가 들렸다. 나는 우물에 머리를 갖다 되었다. 눈을 감았다. 날이 샐 때까지 눈을 좀 붙여야겠다.

지팡이의 웃음

노인 1

고참이다. 병실 안쪽 햇볕이 잘 드는 자리에 조그맣게 누워있다. 얼굴이 갸름하고 젊었을 적엔 한 미모 했을 것 같다. 귀가 많이 어둡다. 식사시간 외에는 누워 지내는 시간이 많다. 남의 일에 간섭하지 않는다. 2년 넘게 이곳에 있었던 노하우인가 보다. 가끔 커튼을 젖히고 밖을 내다본다. 혼자서 오물거리며 뭔가를 곧잘 씹고 있다.

노인 2

집으로 가고 싶어 한다. 할머니 사는 집을 자식들이 헐었다고 한다. 며느리한테서 그 이야길 듣고 눈물을 글썽거린다. 며느리에게 "집에 데려다 줘." 한다. 며느리는 '어머니 있을 곳이 없다'고 한다. 헛말이라도 자기 집으로 가자는 말을 안 한다. 아들 집을 두고도 갈 수 없는 저 마음을 어쩌나. 노인은 곧잘 생각 속에 갇힌다. 식사를 제대로 하지 않고 말도 않는다. 저러다가 말을 잃어버리는 게 아닐까 싶다. 슬그머니 문을 열고 나갔다가 다시 들어오기를 온 종일 하고 있다.

노인 3

당뇨와 천식으로 힘들어한다. 딸 둘이 연신 찾아온다. 큰 딸이 병실 안이 건조하다며 가습기를 가져 왔다. 연둣빛 주둥이에서 하얀 수증기가 나온다. 살아서 제대로 기능을 하는 건 병실 안에서 가습기뿐인 것 같다. 노인의 밥 먹는 모습은 고역이다. 오만상을 짓고 음식을 씹는다. 눈을 감은 채로 오래오래 밥을 씹고 있는 모습이 마치 '살아야한다 살아야 한다'고 말하는 것 같다. 혈당이 조금만 오르면 얼굴이 단풍잎 색깔이 된다. 그때마다 연신 간호사가 들락거리고, 노인은 핸드폰으로 자식들을 불러들인다.

노인 4

고관절을 다친 노인이다. 수술을 한 지 석 달 지났다. 퇴

원할 날만 기다린다. 당신은 여기 노인들하고 다르다고 생각한다. 우선 갈 수 있는 내 집이 있고, 다리만 아플 뿐 아무데도 이상이 없다는 게 그 이유다. 그리고 당신은 노인이길 거부한다. 병실에서도 화장을 하고 염색을 한다. 병실을 드나드는 환자들의 보호자 인적사항을 줄줄이 꿴다. 노인에겐 유일하게 병실을 드나드는 딸이 있다. 딸에게 무슨 비밀이나 말하듯 노인들의 현재 상황을 중계하는 게 유일한 낙이다. 가령 노인1 '자식이 없어 조카가 이곳에 입원을 시켰다.' 노인2 '집을 헌 아들은 집을 지을 생각이 없고 어머니를 모시고 나갈 마음도 없다고 그 집 며느리가 나한테만 말했다.' 노인3 '며느리가 둘인데 얼씬도 안 한다. 시누이들하고 대판 싸워서 오지도 않는다.'

노인 5
새로 들어왔다. 병실의 입구가 할머니 자리다. 약간의 치매가 보인다. 종이가방에 든 물건을 꺼냈다가 넣었다가를 반복한다. 환자 보호자들이 먹을 것을 주면 종이 가방에 숨긴다. 노인 4가 간섭을 한다. 먹으라고 채근을 한다. 노인은 손자 준다고 한사코 움켜진다. 손자는 할머니의 저 마음을 알기나 할까. 아니 이곳에 온 걸 알기나 하는지 모를 일이다.

어느 곳이나 그곳에는 그곳만의 질서와 분위기가 있다. 금방 입원한 노인들의 경우 연방 가족들이 찾아온다. 올 때마다 먹을 것을 가지고 와서 노인들에게 나눠준다. 오래되어 찾아오는 이도 없는 노인들에게선 표정을 읽을 수 없다. 체념한 듯 심드렁한, 매사가 재미없고 권태로운 모습이다. 시간 맞춰 먹고, 아기처럼 잠을 많이 잔다. 할 일도 할 것도 없는 하루. 오늘이 며칠이더라? 하고 달력을 짚어보며 시간이 흘러가는 걸 지켜본다. 흐느적거리는 연채동물들처럼 그 모습들이 조용하기만하다.

어머니는 다섯 달 동안의 병원생활을 끝냈다. 퇴원하던 날 노인 1, 2, 3, 5가 배웅을 했다. 노인1은 연방 입을 오물거리며 "잘 가소. 이제 심심해서 어짜노." 했다. 노인2 "할매는 좋겠니더. 집에 가이 안 존나." 하고 눈물이 그렁했다. 노인3 "딸이 그동안 고생 많이 했구마, 우짜든지 조심하고 잘 사이소." 하며 내 손을 잡았다. 노인5 종이 가방을 들고 따라 나왔다. "나도 갈란다. 버스 타는 데만 델다주소." 간호사가 조르르 달려와 노인5의 손을 잡고 침대로 갔다. 나는 노인4의 손을 잡고 병원을 나섰다.

어머니는 눈이 부신 듯 하늘을 바라본다. 손을 놓으면 넘어질 듯 걸음이 뒤뚱 뒤뚱한다. 막 걸음마를 하는 아이야 시간이 가면 잘 걷고 뛰고 하겠지만, 당신에게 그런 날들이 올는지 모르겠다. 건강하던 어른이 불과 몇 개월 만에 완전히 쪼그라진 노인이 되었다. 지난 몇 달, 어머니와 같이 했던 시간은 내게 많은 것을 느끼게 하였다. 힘이 들 때면 마지막 효도할 수 있는 시간을 누군가가 내게 허락한 것일 거라 생각했다.

어머니는 온몸을 내게 의지하여 발걸음을 떼어 놓는다. 문득 나는 지팡이를 떠올린다. 그러고 보면 어머니는 늘 나의 지팡이였다. 어렵고 힘들 때마다 어머니라는 지팡이를 잡고 일어섰지 않았던가. 지금부터는 내가 지팡이가 되어야 한다는 생각에 몸에 힘을 줘본다. 어머니의 마른 손을 잡으며 웃는다. 내 웃음의 의미를 아는지 모르는지 엄마도 따라서 웃는다. 차창을 스쳐가는 가로수 잎사귀들이 눈부시다.

나이가 뭐!

갑년을 넘기면서 많이 웃었다. 좋아서라기보다는 그 숫자의 의미가 주는 쓸쓸함 때문에 나오는 실소였다. 장수시대 속의 갑년은, 노인에의 진입이 연상되던 예전과는 사뭇 다르다. 주위의 시선도 본인이 느끼는 감정도. 그럼에도 불구하고 '갑년'은 의식하지 않으려 해도 감정의 긍정곡선에 이물질처럼 달라붙어 떨어지지 않는다.

요즘 6075라는 말이 유행이다. 60에서 75세 사이의 세대를 일컫는 신조어다. 노년이라 하지 않고 중년, 그것도 신(新)중년이라니 근래 들은 말 중에서 가장 멋진 단어다. 그 대열의 앞줄에 내가 떡 하니 섰다.

살아오면서 앞줄에 서 본 기억이 있었던가. 늘 앞줄은 머리가 좋은 사람, 행동이 빠른 사람들이 차지하고 나는 늘 어정쩡한 중간이나 뒷줄에서 서성거리기 일쑤였다. 이 앞줄이 어쩌면 내겐 두 번 다시 올 수 없는 황송한 자리가 될는지도 모르겠다.

6075는 아무리 당사자들이 부정해도 일터에서 슬슬 물러나는 나이다. 자식들로부터는 제대로 부양받지 못하고, 도시 고속열차의 적자가 마치 공짜로 타는 노인들 탓인 듯 따가운 시선에, 노령수당이나 목 빠지게 기다린다고 눈총 받는 세대다. 신중년이란 말은, 마치 헌 구두를 약칠하고 광을 낸 뒤 몇 년은 더 신을 수 있다고 떼를 쓰는 느낌이다.

신문을 보니 신중년이 요즘 소비의 주체가 되고 있다고 난리다. 백화점과 카드사 등에서 고객의 연령층을 분석해보니 단연 으뜸이더란다. 그동안 손톱을 쩔 듯 알뜰히 살았던 삶에 대한 원풀이를 하듯 자신을 위해 지갑을 연다는 말인 것 같다. 손자손녀들에게 후해지는 마음을 상업적으로 이끌어내는 수완들이 한 몫 한 결과 일는지도 모른다.

시간을 생산하는 주체들도 있다. '더 일 할 수 있다'고 노인 구직 창구 앞은 6075들이 줄을 선다. 가끔 길거리에서 꽃바구니나, 직접 대면하여 전하는 카드 배달원 노인들을 만난다. 일자리 창출이란 이름으로 주어진 자잘한 일거리들 중의 하나다. 물론 젊은이들이 갖지 못한 경험이나 노련함으로 전문직에 더 머무르는 이들도 있긴 하다.

남편이 요리학원에 다닌다고 자랑하는 친구가 있다. 그녀는 요즘 아주 살판이 났다. 남편이 만든 요리를 무조건 맛있게 먹어주고 칭찬하니 사흘이 멀다고 새 메뉴를 만들어 대령한단다. 일찌감치 '젖은 낙엽'이 되지 않으려고 주방을 점령한 남편의 친구가 꽤 괜찮은 남자로 보이기 시작한다.

새로운 것을 얻기 위해선 새로운 출발이 있어야한다. 출발은 도전하려는 의지가 생길 때 가능하다. 누구에게나 도전은 두렵고 변화는 귀찮다. 여든이 넘어 등단하는 시인을 보면서 나는 지금 뭘 하나 싶어 부끄럽다. 저 나이에 시를 쓰겠다는 열정이 어디에서 나올까 싶어 부럽기도 하다. 그동안 찍은 사진을 모아 전시회를 여는 어느 은퇴 노인의 모습에서 스러져 가는 노을의 아름다움을 본다. 은퇴는 생각하기 따라 또 다른 시작임을 생각하게 한다.

요즘 대중가요 중에 '내 나이가 어때서'라는 노래가 있다. 마지막 구절에 '사랑하기 딱 좋은 나이지~' 하는 코믹한 가사가 귀에 꽂힌다. 재밌는 노랫말은 어느 연령에나 갖다 붙이면 폭소를 유발한다. 공부하기 딱 좋은, 연애하기 딱 좋은, 봉사하기 딱 좋은, 은근히 유행가 가사를 빌려서 옆구리를 쿡 찌른다.

어차피 인간의 수명은 늘어나고 있다. 심각한 성인병만 아니면 웬만큼 아파선 죽지 않는다. 곧 죽을 것 같은 사람도 병원에만 가면 산다. 그렇게 살려놓은 노인들로 요양병원은 만원이다. 요즘 부모가 똥오줌을 못 가리면 요양병원으로 모시는 걸 당연히 여긴다. 노인들 스스로 '아프면 별수 있나. 요양원으로 가야지' 하고 체념한다. 빈 말이라도 '부모님은 제가 끝까지 모실 게요' 하는 소리를 듣고 싶은 게 부모 심정이다. 그러나 그렇게 결연히 말하는 자식이 없는 세상이다.

내가 아이들을 줄줄이 키우던 때는 빨리 나이가 들었으면 싶었다. 지금처럼 일회용 기저귀를 쓸 때도 아니고, 이유식을 주문해서 먹일 때도 아니었다. 세 아이의 건사로 골몰(汨沒)에 싸였던 때 손에 물마를 새가 없었다. 아이들이 학교에 들어갈 때쯤 남편의 사업이 거덜 났다. 내 삶의 설계도면을 채 다 펼치기도 전에 금이 쫙 갔다.

내 최초의 삶에 대한 번민은 그때 생겼던 것 같다. 요즘은 그런 증상을 우울증이라고 하지만 그때는 그것이 병이라고는 생각하지 않았다. 애정과는 관계없이 아이는 생기고, 그렇게 태어난 자식은 또 세상 어느 것과도 바꿀 수 없는 귀한 존재가 되고, 여자는 굳이 아내가 아니어도 엄마라는 존재만으로도 살아갈 수 있다는 사실에 스스로를 연민하고 인내한 나의 3040 시절이었다.

올해 친정어머니는 여든넷이다. 다리가 아픈 거 말고는 건강하다. 단지 우려하는 건 더 이상 큰 병에 걸리지 않고 사는 것이다. 어머니 말씀을 빌리면 자신의 삶에서 지금이 가장 편하다고 한다. 늘 걱정거리였던 내가 어머니 눈에 그런대로 편안해 보이니 당신의 걱정 또한 사라진 것이리라. 그런데 이 무슨 뚱딴지같이 자는 사람에게 홍두깨를 들이미는지.

"너도 알지? 요양병원에 계신 아지매 말이다. 그곳이 편안하고 좋다며 날더러 오란다."

"예?"

머리가 텅 비는 느낌이었다. 가슴 안에 쿵 하고 떨어진 낙석의 울림이 쉬 진정되지 않았다. 어머니가 그토록 부끄럽지 않게 살겠다고 버틴 삶의 끝이. 결국 이렇게 노후의 거취에 대한 불안이라면 그 삶이 너무 쓸쓸하고 허망하지 않는가. 누구도 비켜갈 수 없는 노후의 암울한 그림자가 밤새 파도가 되어 가슴을 적시고 달아났다.

"뭣 때문에 그런 생각을 해요! 어디 간들 내 집만큼 좋은 곳이 어디 있을라고. 아파서 꼼짝 못하면 그땐 내가 모셔요."

"……"

말은 쇳소리 나게 했지만 가슴 안에 허허로운 바람이 일었다. 걱정거리가 없으면 남의 걱정을 꿔서라도 하는 노심(老心)을 어찌 달래면 좋으랴.

'싫다. 혼자 사는 게 편치. 내 집 두고 어딜 가.'

예전처럼 펄쩍 뛰며 그러길 기대했건만 이러구러 말씀 없이 전화를 툭 끊으신다.

귀가 얇아서

　남의 말을 잘 듣는 사람이 있다. 사람들의 말을 잘 믿어 꾐에 자주 빠진다. 좋다고 하면 필요 없는 물건도 잘 산다. 한마디로 속여먹기 좋은 그런 사람을 우리는 귀가 얇은 사람이라고 한다. 그러고 보니 나를 두고 하는 말이다.
　나는 사람들의 말을 액면 그대로 받아들이는 편이다. 사람들이 왜 거짓말을 하며 사는지, 오죽하면 거짓말을 할까 싶어 안타까울 때가 종종 있다. 거절을 못해서 필요 없는 물건도 곧잘 산다.
　사무실에 있을 때면 잡상인들이 온다. 뻥 과자를 들고 오는 노인은 왜 하필이면 내 앞으로 오는지. 두루마리 화장지를 들고 나타나는 할머니는 꾸벅거리며 다니다가 유독 내 앞에만 오면 떠나지를 않는다. 내가 만만하게 보이는가. 그런데 사무실 안의 사람들이 눈짓이나 턱짓으로 그들을 내 자리로 보내는 걸 보고 어이가 없었다.

부자는 작은 돈도 겁낸다고 한다. 부자가 되지 못한대도 어쩔 수 없다. 정이든 배려이든 지갑을 여는 그 순간만은 마음이 편하니 호구가 된들 어쩌랴.

살다보면 누구에게나 두세 번의 좋은 기회가 온다고 한다. 돈을 벌거나 출세할 기회란 것이 깃털처럼 가볍게 와서 사라지는 바람에 놓친 줄 모르고 살 뿐이다. 모르긴 해도 나도 두 번쯤의 기회는 놓치지 않았을까. 이제는 기회란 요물이 가면을 쓰고 나타나도 잡을 수 있을 것 같다.

마침내 내 곤고한 삶을 불쌍히 여기신 누군가가 내 손에 기회를 쥐어 주었다. 돈을 벌 찬스가 오다니, 어디를 보나 나보다는 경험 많고 수단도 있는 이가 믿고 일하자며 내 손을 꽉 잡았다. 감격이 따로 없었다.

세상은 팍팍한 것 같아도 어딘 가엔 이런 어리숙한 숨구멍이 있구나. 돈이 돈을 버는 세상. 그 세상 속에 발을 담그니 욕심은 포도송이처럼 커갔다. 좋은 정보는 공유해야 하는 것이고 나만 잘 사는 건 욕심이다. 더불어서 함께 잘 살아야 좋은 이웃 아닌가. 그동안의 고난이 축복의 시작이었나 보다. 앞앞이 말 못하고 사느라고 고생 많았다. 누가 꼭 그렇게 말해주는 것 같았다.

　나는 부자가 되려고 했던 적도 없고 부러워한 적도 없다. 내가 원하는 부자는 추하게 늙지 않을 만큼의 물질적 여유다. 자식에게 짐이 되지 않고, 형편이 어려운 누군가를 만났을 때 우물쭈물 하지 않고 선뜻 지갑을 열 수 있을 정도면 족하다. 그 이상은 욕심이니 바라지말자. 내가 잡은 기회는 최소한 내게 그 정도는 해줄 것 같았다.

　내가 정직하고 성실하면 되는 줄 알았다. 그러나 세상일은 내 맘처럼 굴러가는 것도 아니고, 정직한 사람이 돈을 버는 것은 더더욱 아니었다. 매사에 감정적이고 사려 깊지 못한 사람은 뻔히 보이는 것도 알지 못한다. 조금만 생각하면 충분히 문제 파악이 되고 허방이 보이는 것을 남을 의심할 줄 모르는 성격이 화를 자초했다. 세상 일이 결코 만만하거나 녹록할 리 없지 않은가. 그 정도는 안다고 생각 했는데 호되게 얻어맞았다. 기회라 생각했던 것이 옴쭉 달싹도 못하게 하는 밧줄이 될 줄이야.

　사람에겐 누구나 양심이란 것이 있다. 그 양심은 잘못된 일에 빠질 때나 나쁜 일을 궁리할 때 행동에 브레이크를 거는 제동 역할을 한다. 그런데 간혹 양심 없는 사람들이 작정하고 사기를 치려고 든다면 걸려들지 않을 수 없다. 누구를 탓하고 원망할 일이 아니다. 오롯이 내가 욕심을 부린 탓이고 사람을 의심하지 않은 것도 죄다. 기회는 영리한 자의 몫인 것을, 아둔한 사람이 기회라고 잡은 뿔은 스스로를 찌르는 송곳이었다. 허망한 결과 앞에서 손들고 항복했다.
  이런 노래 가사가 있다.

    늘 걱정하듯 말하죠
    헛된 꿈은 독이라고,
    세상은 끝이 정해진 책처럼
    이미 돌이킬 수 없는 현실이라고.

  내가 잡은 기회의 동아줄은 이미 그렇게 끝장날 운명으로 정해져 있었던가 보다. 누군가의 교묘한 각본에 나는 잠시 길 가는 행인쯤으로 등장한 엑스트라였다. 납작 엎드린 내 등 위로 행인들 1, 2, 3 지나가면서 말했다. 귀가 얇더라니, 내 그럴 줄 알았지. 사기 당하고도 남을 여자야. 어리석기는 그동안 안 당하고 산 게 용하다.
  누가 내게 그랬다. 스스로의 문제 성찰은 부족하고 논리와 비판에 약한 우뇌적 성향이라고. 어리석은 여자가 자신의 분수를 모르고 저지른 실수라고 하기엔 상처가 너무 깊고 절

망의 그늘이 짙다. 기회란 찾아오는 것도 아니고 누군가가 만들어 주는 것도 아니다. 그것은 내가 찾는 것이고 스스로 만들어 가는 것일 뿐.

멀건 대낮에 잠깐 헛것을 보았는가. 반짝하고 빛나던 것은 그냥 신기루였을까. 슬프고 기막힌 일은 어디서나 일어나는 일이다. 그것이 내게 일어났을 때가 곤란하다. 욕심을 부리다 넘어져 코가 깨진 것은 한 번으로 족하다. 오로지 귀가 얇음을 경계하며 살 일이다.

고구마 전설

햇고구마가 나왔다. 고구마가 시장에 보이기 시작하면 가을이다. 높아진 하늘을 올려다보며 기분이 좋아지는 것도 이때다. 바람이 산들산들 나뭇잎을 흔드는 산길이나 벼가 익어가는 논두렁길을 원도 없이 걷고 싶을 때도 이즈음이다. 이럴 때 나는 곧잘 눈을 감고 들길을 걸어가는 상상을 한다. 벼이삭이 가을 햇살에 노릇노릇 익어가고 메밀잠자리가 한가로이 날아다니는 모습을 떠올리는 것만으로 가슴이 풍성해진다.

"왜 고구마야? 예쁜 이름 다 놔두고?"

몇 달 전 결혼한 며느리한테서 드디어 기다리던 소식이 왔다. 어제 병원에 갔더니 임신 7주라고 했단다. 성급한 아들이 태명(胎名)을 '고구마'로 지었다고 한다. "왜 하필 고구마냐, 귀여운 이름이 얼마나 많은데." 하고 유감을 표했다. 능글맞은 녀석 왈 '예쁜 고구마야~' 하고 부르면 된단다.

고구마든 감자든 며느리의 잉태 소식은 얼마나 반가운가. 그것은 더위를 한방에 날려버리고, 늘어져있던 감각에 일격을 가하는 신선함을 우리 내외에게 안겨주었다. 아이들은 옆에 없지만 있다고 생각하고 술상을 차렸다. 막걸리와 삼겹살 풋고추에 된장뿐인 상이지만 마음은 진수성찬이다.

"며느리의 건강과 우리의 고구마를 위하여 건배!"

다음 날 며느리에게 꽃바구니를 보냈다. 산지로 주문해서 참외도 택배로 보냈다. 휴가 때 집에 온 애들이 이렇게 맛있는 참외는 처음이란 말이 생각났고 뭘 어떡할지 달리 생각이 나지 않았다.

요즘 친구들을 만나면 입이 근질거려 '고구마' 이야길 한다. 모두가 한바탕 재미있게 웃고 왁자지껄 시끄럽다. 어쩌면 이 녀석은 처음부터 이름 때문에 사람들을 즐겁게 하는 것 같다. 친구들은 나더러 자녀들 혼사가 술술 잘 풀린다고 한다. 그때마다 나는 자식의 혼사에 욕심을 부리지 말라고 한다. 자녀의 혼사가 자꾸만 꼬이는 친구에게 '우리 집은 술술 잘 풀리라고 자주 술을 마신다'고 농담을 했다. 그러고 보니 친구는 술을 한 방울도 못 마신다.

 어릴 적, 엄마의 가장 큰 고민 중의 하나는 똥을 푸는 일이었다. 그 시절엔 모두들 똥장군에 오물을 담아 밭이나 과수원에 흙을 파고 묻었다. 우리는 달리 밭이 없으니 집 뒤의 밭에다 묻는 수밖에 없었다. 그 밭에 엄마는 고구마를 심고 울타리 삼아 밭 둘레엔 옥수수를 심었다. 고구마는 어떤 밭에 심느냐에 따라 맛이 달라진다. 고구마는 작아야 분이 많이 나고 야문 땅의 고구마가 크지도 않고 빛깔도 곱다.
 우리 집 고구마가 어떠했는지를 얘기하지 않을 수가 없다. 왜냐하면 우리 마을의 전설이 되었으니 말이다. "고구마 농사야 저~기 윗동네 저~집이 최고지." 그 말 뒤엔 늘 웃음이 따랐고 모두가 공감했다. 우리 집 고구마는 크기가 아기 머리통만 했다. 땅에다 거름으론 최고라는 인분(人糞)을 넘치도록 주었으니 기름진 흙이 고구마를 있는 대로 키웠던 것이다. 우리 집 고구마는 절대로 그냥은 삶지 못하고 서너 쪽으로 잘라야 했다. 맛은 그야말로 기가 막혔다. 네 맛도 내 맛도 아닌 물이 지르르 흐르는 물고구마 맛이라니. 집에서 기르는 누렁이가 다른 집 고구마는 껍질도 잘 먹었다. 그런데 우리 고구마는 통째로 주어도 냄새만 실실 맡을 뿐 먹지 않았으니 그 맛을 굳이 더 이상 밝힌들 뭐하랴.

  우리 집엔 아낙네들이 많이 드나들었다. 여자들만 사니 무시로 드나들 수 있는 집이었다. 여름이면 남폿불 밑에 앉아 고구마줄기도 벗기고 왕골도 째고 푸새한 옷가지들을 들고 와서 손질도 했다. 밤 깊어 출출해지면 서리를 해왔는데 그것이 요즘처럼 죄가 되지 않던 시절이었다. 감자도 캐 와서 삶아먹고 땅콩이나 옥수수, 수박도 서리했다.

  우리 집 물고구마가 진가를 나타내는 건 긴 겨울밤이었다. 지청구를 받았던 때가 언제였나 싶을 만치 이때부터는 땅 속에 묻어둔 무와 어깨를 견주어도 손색이 없었다. 가끔 어르신들이 모인 사랑방에서도 우리 집으로 '맛있는 고구마'를 가지러 왔다. 그때마다 엄마는 아끼지 않고 큰 소쿠리에 가득 담아서 보냈다. 그것은 똥을 퍼서 묻을 때마다 마을 안에 고약한 냄새를 풍겼던 미안함에 대한 무언의 답례이기도 했다.

  고구마는 새로울 것도 신기할 것도 없는 그냥 무던한 덩이식물이다. 맛있는 게 있으면 거들떠도 안보지만, 자주 먹어도 물리지 않는 것이기도 하다. 고구마를 삶아서 혼자 먹는 사람은 별로 없다. 서로 나눠먹어야 맛이 나는 인정의 음식이다. 그 어떤 음식보다 정을 느끼게 하는 푸근함이 고구마의 미덕이라면 지나친 찬사가 되는지 모르겠다.

내년 봄이면 태어날 '잘 생긴 고구마'를 생각하면 절로 웃음이 난다. 나는 요즘 아기와 산모가 건강하기만을 기도한다. 손자든 손녀든 상관없다. 그저 부모의 좋은 유전자만 물려받았으면 좋겠다. 누구나 좋아하고 누구에게나 사랑 받는 고구마 같은 성격을 가진 아이면 더 바랄 게 없겠다.

실없는 저녁

저녁나절 영화를 봤다. 첫사랑에 관한 아련한 내용이었다. 나이 탓일까, 이런 달콤한 스토리가 좋다. 한때는 박진감 넘치는 액션영화를 즐기기도 했다. 빠르게 전개되는 이야기, 극적 반전의 스릴러물에 매료된 적도 있었다. 귀가 먹먹해지도록 긴장으로 몰아가는 공포물에 가슴을 죄며 즐기던 때는 내 심장도 뜨거웠던 때였겠지.

요즘은 봄날의 눈물처럼 잔잔하고 따뜻한 영화가 좋다. 영화를 보면서 느껴지는 외부로부터의 자극이 버겁지 않은 줄거리가 부담이 없다. 결말이 다 보이는 스토리지만 그 안에 따뜻함이 있고, 눈물이 있고 감동이 있으면 된다. 입도 눈도 심심한 늦은 오후나절 굳이 영화의 내용을 따질 게 뭔가. 함께 영화를 볼 친구가 있으면 고마운 일 그것으로 좋다.

 그녀와 영화를 볼 때는 순서를 정한다. 영화를 보고 밥을 먹을지 아니면 먹고 나서 볼지. 오늘은 영화를 먼저 보고 밥을 먹기로. 그 다음은 여기저기 기웃거리며 찬거리 사고 집으로 가는 내내 수다 떨고. 미진하면 길바닥에 장보따리 내려놓고 또 하고. 그래도 아쉬우면 다음에 또 만나기로.

 시장기가 느껴지는 저녁시간의 식당 안. 음식을 고르는 사람들이 모조품 음식들 앞에서 가격표를 보고 맛이 어떨지 고개를 갸웃거린다. 영화의 포스트를 보고 볼 영화를 선택하는 것과 똑 같다. 영화든 음식이든 메뉴를 선택한 사람이 계산을 하는 게 우리의 불문율. 전광판이 연신 번호를 물고 지나간다. 전광판에 눈을 박고 앉은 사람들 틈에 우리도 섞여 앉는다.

 등산복을 입은 한 무리의 사람들이 들어온다. 그들에게서 산 냄새가 물씬 난다. 건강한 사람들에게서 느껴지는 활기가 금방 식탁 사이로 건너온다. 울긋불긋한 패션. 누군가가 산에라도 가려면 등산복 장만하는 것도 만만치 않더라고 했다. 전문 산악인도 아닌데 뭘 빼 입느냐고, 운동화 신고 편한 바지 입고 산에 가면 누가 못 오게 하느냐고 했더니, 요즘 풍속을 몰라도 한참 모른다고 면박을 줬다. 그러고 보니 등산

복들이 화려하기도 하다.

　비빔밥을 비비는 그녀의 손이 부쩍 나이 들어 보인다. 그녀에게도 영화 속 얘기 같은 첫사랑이 있었겠지. 축 처진 가슴이며 굵은 허리도 예전엔 한 움큼이었다는 말이 사실일까. 나이는 나무의 나이테 같은 것이다. 예순의 우리가 나무라면 얼마나 듬직한 모습이랴.

　세월이 갈수록 중후해지는 나무에 비하면 사람의 모습은 얼마나 볼품이 없는가. 나는 듬직한 나무를 보면 오래도록 쳐다보는 버릇이 있다. 꽃이 만발한 곳을 지나갈 땐 예쁘구나, 곱구나 하는 정도다. 그렇지만 잘 생긴 나무들을 보면 황홀함을 느낀다. 가슴이 두근거릴 때도 있다. 균형미 갖춘 잘생긴 나무를 보면서 근사한 골격미의 남자를 떠올리기도 한다.

　가끔 남자의 몸을 만지듯 나무의 몸피를 쓰다듬어 본다. 눌러도 보고 쓸어도 보고 안아도 본다. 그러노라면 나무의 숨소리와 심장의 박동이 내게로 전해진다. 나무와의 통정이다. 그런 날은 힘줄처럼 솟아오른 나무의 뿌리를 만지며 오래 앉아 있고 싶다.

　오래전에 본 영화인데 제목은 기억나지 않는다. 시베리아 벌판 가운데로 기차가 달린다. 철로 옆으로는 눈을 이고 서 있는 울창한 자작나무의 끝없는 행렬이다. 이등변 삼각형으로 멋지게 자란 절도 있는 모습. 칼날처럼 줄 선 바지를 입고 허리까지 눈에 묻혀 서 있던 수많은 귀족풍의 남자들 같던 나무들. 만약 내가 여행을 한다면 눈 덮인 시베리아 들판을 횡단하는 기차를 타고 싶다고 생각한 건 그때였다. 몇 날을 걸려서 끝도 없이 달리는 기차. 그 끝에 내 마지막 생의 정류장이 있다 해도 후회하지 않을 것이라고 생각했던 그 영화가 「닥터 지바고」인지 「러브 오브 시베리아」였는지 모르겠다.

영화는 중독성이 있다. 보고 나오는 순간 새 포스트를 더듬는다. 그녀가 달아나 듯 걸어간다. 남편한테서 전화가 여러 통 왔단다. 바쁘니까 더 오리궁뎅이를 흔들며 간다. 나도 얼른 핸드폰을 켠다. 영화를 보느라고 꺼두었던 걸 깜빡했다. 오늘은 장보고 가긴 글렀다.

저녁밥을 짓는 동안 영화 속 남자 주인공이 떠올라 실실 웃는다. '뭐 좋은 일이라도 있어' 하는 표정으로 남편이 힐끗 쳐다본다. 배가 부른 나는 밥이 급하지 않다. 그는 벌써 몇 번이나 식탁 쪽을 힐끔거린다.

4장 친정 엄마

봄은 콧등을 깬다

   이 여사를 만난 건 순전히 햇살 탓이었다. 같은 동네에 살지만 도통 만날 일이 없었다. 지난 가을 길에서 한참 수다를 떤 뒤로 처음이다. 나는 자전거에서 내려 그녀에게 알은체를 했다. 그녀도 깜짝 놀라며 반가워했다. 누가 권할 것도 없이 나란히 벤치에 앉았다. 나는 햇볕이 좋아서 운동장에 나왔다고 했고 그녀도 오랜만에 수영장에 다녀오는 길이라고 했다.
   설 무렵, 옥상의 물탱크가 얼었다. 구정에 집을 찾아온 자식들의 불편이 이만저만 아니었다. 밥을 짓는 건 수돗물이 나오니 괜찮다 하더라도, 물탱크와 연결된 화장실의 변기를 어떻게 할 것인가. 딸년은 하루 저녁 머물더니 손자를 데리고 시댁으로 휑 하니 가버렸다. 딸이 가는 건 섭섭하지 않은데 손자 놈의 재롱을 보지 못하는 것은 저녁 내내 섭섭했다.

겨울이 그렇게 지나갔다. 그러니 얼마나 속으로 봄이 오길 기다렸는지. 몽실몽실 목련이 피기 시작하는 봄날, 방안에서 빈둥거리는 건 봄에게 예의가 아니지 싶어 지척에 있는 운동장으로 나온 참이다. 삼천 원이면 자전거를 한 시간 빌려 탈 수 있다. 내가 할 수 있는 유일한 운동이다. 산을 오르는 것도 다리가 부실해진 뒤로 포기한 지 오래고, 헬스는 갇힌 공간에서 숨을 몰아쉬며 헐떡거리기 싫어 얼쩡거리지 않은 지 오래다.

"우리 아들 날 받았어."

식은 종이 커피잔을 한쪽으로 놓으며 그녀가 말했다. 지난번 혼담이 깨진 걸 아는 나는 반가워서 그녀의 손을 덥석 잡았다.

"아이고! 잘 됐네. 정말 축하해요. 그래 날은 언제에요?"

우리 나이의 여자들이 만나면, 특히 혼사를 앞뒀을 땐 얼마나 할 얘기들이 많은지. 뭐 하는 사람이며 고향이 어디냐, 어디를 나왔느냐, 직장이 어디냐, 부모 형제는? 한바탕 휘몰아치고 나면 예식장은, 이바지 음식은, 예물은, 예단은, 한복은? 하고 남의 잔치에 오만 걸 다 간섭하고 콩 놔라, 팥

뇌라, 말 하는 사람이나 듣는 사람이나 가슴이 벙벙해진 뒤에야 헤어지기 십상이다.

그런 얘기로 입안의 침이 마를 때쯤 슬며시 엉덩이를 일으켰다. 자전거를 타고 놀던 아이들이 슬슬 빠져나간 운동장은 나무 그늘이 길게 늘어져 있다. 그때 한 무리의 여자들이 나타났다. ○○자전거의 동호회 사람들이다. 어디 원정이라도 갔다 오는 품새다. 물 찬 제비같이 쫙 붙는 바지에 새 주둥이 같은 헬멧을 쓴. 거기에다 햇볕에 타지 않으려고 얼굴에 복면까지 한 여자들의 모습에 우리는 슬며시 그곳을 벗어났다. 이 여사는 그런 그녀들의 모습을 힐끔거리며 쳐다봤다. 그녀는 예전에 자전거를 타보려고 몇 번 시도하다가 그만뒀다고 했다. 나는 자전거를 타는 게 얼마나 수영보다 경제적인지, 시간에 구애받지 않고 혼자 놀기 좋은 놀이인지를 말했다.

"한 번 타 볼라요? 운전하는 사람은 자전거 금방 타요."

이 여사가 큰 엉덩이를 비비적거리며 자전거에 올라탔다. 내가 뒤에서 밀어주고 댕기기를 얼마간 했을까, 그녀는 엉덩이를 씰룩거리긴 했지만 앞으로 슥 나아갔다. 사람의 마음이란 참 요상했다. 마치 내가 무슨 트레이너나 된 것처럼 기분이 뿌듯해졌다.

"엄마 얏~ 쿵~"

그녀가 넘어졌다. 인라인 스케이트를 탄 녀석이 앞으로 달려오자 지레 놀라서 넘어진 것이다. 하필이면 차들이 들어오지 못하게 보호막을 박아둔 곳이다. 허겁지겁 달려가 그녀를 일으켜 세웠다. 다행히 육중한 몸은 괜찮은 것 같았다. 자전거의 핸들이 야무지게 돌아갔다. 그런데 이 일을 어쩌면 좋은가. 혼사 날이 코앞인데 콧등에 상처가 생기다니! 아들의 예식장에 반창고를 붙인 꼴로 들어선다면? 등에서 식은땀이 버쩍 났다.

이 여사는 쿨하고 유쾌한 사람이다. 목발을 짚지 않는 것만도 얼마나 다행이냐며 깔깔 웃는다. 나는 민망하여 '이게 다 저 봄 햇살 때문'이라고 변명을 해보는데, 이미 해는 숨어버리고 보이지 않았다.

손님도 손님 나름

달포나 머물던 손님이 갔다. 옛날 말에 수이 가는 손님의 뒤꼭지가 보기 좋다고 했다. 손님이란 귀하기도 하지만 때론 성가시기도 해서 하는 말인 것 같다. 벚꽃이 막 피려던 봄날에 온 손님은 아카시아 꽃이 필 때까지 머물렀다. 해마다 꽃들이 다투어 필 때면 도지던 봄앓이도 그냥 지나갔다. 하루가 어떻게 오고 가는지 알 수 없는 날들이었다.

사위는 백 년 손님이라고 한다. 그렇다면 사위의 아들은 천 년 손님쯤 될까. 3월 중순에 딸이 몸을 풀 요량으로 집에 왔다. 배가 남산만한 딸을 앞세우고 산부인과에 갔다.

"아기가 거꾸로 있군요. 제왕절개 수술을 해야 합니다."

"수술 안하고는 안 될까요. 아기를 정상적인 자리로 돌릴 수는 없나요." 하고 묻는 우리의 말을 의사는 두 말도 못하게 잘 랐다. 예정일에서 열흘 정도 당겨서 수술을 하자고 했다.

 참말로 좋은 세상이다. 하늘이 노래져야 낳는다는 아이를 30분 만에 쑥 꺼내고, 두어 시간 회복실에서 뒤처리를 하고 병실로 온 딸의 모습은 산모라곤 믿기지 않았다. '양말도 신고 내의도 입어야한다'는 내 말에 간호사가 절대로 몸을 따뜻하게 하지 말라고 했단다. 절개부분의 상처가 덧날 수 있다니 수긍은 가지만 맨다리를 내놓고 환자복만 입고 있는 게 영 마뜩하지가 않다.

 아기를 낳는 것이 얼마나 힘이 들면 몸속의 뼈마디가 다 틀어진다고 했을까. 뼈마디가 제자리를 찾아가는데 백여 일이 걸린다고 한다. 그동안 산모는 몸을 따뜻하게 하고, 찬 음식은 물론 삼칠일 동안은 목욕도 삼가야 했던 우리들 세대는 전설이 되었나 보다. 딸을 보니 산후구완이니 몸조리니 하는 말이 가당치 않다. 사흘쯤 지난 날, 잠깐 자리를 비운 사이에 산모는 머릴 감고 드라이기로 말리고 있었다. 한마디 하려다 그만 두었다. 이미 감은 머리를 잔소리한다고 어쩌랴.

 면회시간마다 조르르 신생아실 앞으로 몰려가 핸드폰으로 사진 찍기에 바쁜 산모들. 우리 딸도 다른 산모들도 아직 물기도 가시지 않은 새끼들 귀엽다고 자지러지는 모습이라니.

회복실 앞엔 유독 시부모들이 보낸 꽃바구니가 눈에 띄었다. 새로운 풍속도의 단면을 보며 격세지감이 들었다.

내가 셋째를 낳으러 산부인과에 갔던 날을 잊을 수가 없다. 지금처럼 핸드폰이 없던 시절이었으니 사람을 찾으려면 갈만한 곳을 수소문해야했다. 여기저기 있을 만한 곳은 다 전화를 해봤지만 남편의 행방이 묘연했다. 분만실로 가기 전에 진통중인 산모들 몇이 같은 방에 있었다. 잠깐씩 진통이 멎을 때마다 서로 바라봤다. 땀으로 젖은 머리칼, 숨을 몰아쉬기도 하고 헐떡이기도 하고 입을 앙다물고 신음소릴 삼키며 몸부림치는 모습은 사람 이전에 새끼를 낳는 암컷 그 이상도 이하도 아니었다.

그렇게 아내가 사력을 다하는 그 시간에 남편은 어디에 있었던가. 뒤에 그의 입에서 나온 말인 즉 '딸을 낳으면 재수 있다더니 그날 자릴 틀고 일어날 수가 있어야지. 뒤가 어찌나 잘 풀리던지 말이야' 구겨진 지폐를 뒷주머니에서 주섬주섬 꺼내며 하던 그의 말. 그때도 나는 꿀꺽 말을 삼켰다.

딸이 아기를 데리고 저들 집으로 가고난 뒤에도 얼마동안 아기울음 소리가 귀에 들리는 듯했다. 갓난아기 특유의 배리치근한 냄새가 한동안 가시지 않았다. 남편도 자기 자식 키울 때는 몰랐는데 손자모습이 눈에 아른거린다고 연신 핸드폰을 들여다본다. 켤 때마다 손자얼굴이 화면에 나타난다. 그 모습을 보니 친구들 모습이 떠오른다. 만날 때마다 보여주는 손자손녀들 모습, 그 모습들을 볼 때마다 침도 안 바르고 듣기 좋은 말들을 얼마나 했던가. 똑똑하게 생겼네. 참 자알 생겼다. 장군감이야. 얘는 미스코리아감이다. 그런 소리 들을 때마다 좋아 어쩔 줄 모르던 모습들이라니. 그때마다 손자를 보면 저렇게 좋을까, 나는 그러지 않을 거라고 생각했다. 그런데 점점 자신이 없어지려고 한다.

추석이 얼마 남지 않았다. 손자가 얼마나 컸을까 하루가 여삼추다. 어떤 손님을 이렇듯 기다리랴, 손님도 손님 나름이다.

친정엄마

 숨이 차다. 얼굴이 화끈거린다. 숨을 깊이 들이 마시며 숨고르기를 한다. 손 싸게 움직였는데도 기차 시간이 빠듯하다. 가방은 이것저것 넣었더니 바퀴가 잘 구르지도 않는다. 그것도 모자라 들고 가는 가방도 터질 것 같다.
 기차역이 세관이 아닌 것이 다행이다. 만약 안에 것을 다 꺼내 놓고 일일이 검사라도 한다면 민망하고 난감할 일이다. 풀어보면 별것도 아닌 것들이다. 마음의 무게까지 얹힌 때문인지 어깨가 뻐근하다.

 "엄마, 주말에 서울 오시면 안돼요?"
 오지 않아도 된다고, 괜찮다며 걱정하지 말라던 아이의 갑작스런 전화에 마음이 바쁘기 시작했다. 이틀 전에 딸이 교통사고를 당했다. 가슴이 철렁하여 가마고 했더니 걱정할 정도는 아니라고 했다. 홀몸이 아닌데다 사위까지 해외출장중이다. 가까이 오라비와 언니가 있어 다행이다 싶은 참인데 호출이다. 마음만 급하다. 뭘 준비해야하나 머리에서 땀이 나려고 한다.

보통의 주부들이 사나흘 집을 비우려면 집에 있는 사람의 밥걱정이다. 새벽같이 일어나 두어 가지 국을 끓이고 몇 가지 반찬을 만들다보니 욕심이 생긴다. 이왕 만드는 김에 넉넉하게 만들어서 아이들 갖다 줄 생각을 하며 냉장고 안을 다 뒤집는다. 썰고 볶고 무치고 한바탕 난리를 치르고 나니 화장할 시간도 없다. 빠듯하니 시간을 맞추어 집을 나서니 겨드랑이 밑이 축축하다.

몇 년 전에 『친정엄마』라는 책이 읽는 이의 심금을 울렸다. 글쓴이는 방송작가로 친정엄마에 대하여 시시콜콜한 이야기를 다 썼다. 읽다보면 내 엄마요 내 이야기 같은 느낌이 들어 콧등이 찡하기도 하고 눈물이 찔끔 나기도 했다. 어쩌면 지금의 내 모습이 그 작가가 묘사한 친정엄마 모습과 별로 다르지 않을 것 같다.

요즘 딸을 시집보낸 엄마들 사이에 우스갯말이 떠돈다. 결혼 시키면 끝일 것 같지만 천만의 말씀이라는 얘기다. 애프터서비스는 가전제품에만 있는 게 아니란다. 친정엄마는 시집 간 딸의 애프터서비스를 죽을 때까지 해야 한단. 좋을 땐 끽소리 없이 살다가도 안 좋은 일이 터지면 친정엄마, 혹은 안사돈부터 찾는다니 뭔 일인지.

내 어머니도 나를 시집보내고 참 많은 애프터서비스를 하였다. 사네 못 사네 부부싸움 하고 달려온 딸을 달래어 보내야 했고, 입이 나온 사위도 보듬어야 했다. 그뿐인가 수시로 불려와 담요며 이불 빨래, 홑청 풀 먹여 손질해서 기워주고, 해마다 김장 김치는 기본이고 고추장, 된장도 거르지 않고 담가주셨다.

그뿐인가, 딸네 집에 올 때면 있는 것 없는 것 다 싸서 팔이 빠지도록 들고 왔다. "갖다 놓으면 아무것도 아닌데 와 이리 무겁더노." 하셔도 그러려니 여겼다. 밑반찬은 물론 참기름, 고춧가루, 미숫가루, 겨울이면 도라지와 유자청, 가끔은 사위의 보약까지 지어 나르셨는데도 친정엄마는 다 그러려니 여겼다.

나는 딸들에게 데면데면하다. 어머니는 내게 그렇게 잘 해줬지만 나는 그렇지 못하다. 솔직히 말하면 엄마만큼 할 줄을 모른다. 다만 친정엄마가 되어보니 그때의 어머니 마음이 이해가 될 뿐이다.

 다행히 막내는 사고 때 많이 놀랐을 뿐, 태아도 산모도 괜찮았다. 사고 순간 배를 싸안으며 "어떻게 해." 하고 고함을 질렀다니, 그것이 아마 아기를 지키려는 엄마의 본능이었을 것이다. 머잖아 엄마가 될 딸의 잠든 모습을 나는 오래도록 바라보았다.

이상한 하루

　가끔 뜻밖의 상황에 부딪힐 때가 있다. 예기치 못한 일에 놀라거나 싫다거나 할 틈도 없이 끌려가 버리는 그런 경우를 속수무책이라고 하던가. 아무래도 그 말은 어이없이 당한 자의 변명 같다. "오늘 아무 일 없지?" 그렇게 전활 받을 때까지만 해도 아무 일이란 내게 없었다. 그러나 그를 만나 승용차 안으로 떠밀려 들어간 그때부터 엉뚱한 일은 일어났다.
　차창 밖은 봄이란 봄은 다 나와서 축제를 벌이고 있었다. 무얼 하느라고 뭐 대단한 일을 한다고 봄이 이렇게 온 사방에 잔치판을 벌인 줄도 모르고 있었단 말인가. 하얀 자두꽃, 복숭아꽃이 만발한 작은 과수원들이 산모롱일 돌때마다 눈을 즐겁게 한다. 사열 받는 군인처럼 흐트러짐 없이 서 있는 파밭도 장관이다. 아기 주먹만 한 꽃을 달고 서 있는 옆으로 노란 장다리꽃이 물결친다. 봄비가 잦다고 투덜거렸던 건 내 안의 불평이었나 보다.

차 안에서 두 어군데 문자를 보낸다. 일방적인 약속 파기다. 지킬 수 없는 약속에 대해선 구구절절 말하지 않기로 한다. 누구에게나 엉뚱한 일은 일어나게 마련이고 계획은 늘 내가 세우고 허문다. 오늘 하루 일어날 일을 예측할 수 있다면, 한치 앞에 무슨 일이 기다리고 있을지를 안다면 큰 불행 같은 건 일어나지 않을 것이다. 봄의 한가운데를 달려가며 사뭇 나는 변명의 말들을 찾는다.

바다가 언뜻 나타나나 싶더니 영덕이다. 여기저기 보이는 입간판들에 대형 게들이 걸려있다. 그것들은 식욕을 불러일으키기보다 하나의 조형물로 보인다. 그렇긴 해도 영덕하면 게가 떠오르니 광고효과는 대단한 셈이다. 차는 한참을 달려 어느 한적한 마을로 들어서더니 작은 집 앞에 멈춘다. 담도 울도 없는 집 앞에 앵두꽃이 환하다.

밖의 기척에 안에서 여자가 나왔다. 여자는 다리가 불편한 듯 걸을 때마다 잘쏙거렸다. 여자는 우릴 보더니 애매하니 웃었다. 그는 나를 내려놓더니 다시 차에 시동을 건다. 날더러 어쩌라고 낯선 집에 짐 부리듯 내려놓고 벌써 골목길을 빠져나간다. 여자를 따라서 방으로 들어가기도 뭣하여 집 주위를 빙빙 돈다. 골목길은 큰 나무 사이로 사라지고 그 집 뒤란의 작은 텃밭은 바로 산과 이어져 있다. 하얀 비닐을 씌워놓은 텃밭엔 무엇을 심어 놓았는지 한낮의 햇살이 보초를 서고 있다. 마늘과 상추를 심은 작은 밭떼기가 한가롭다. 밭두렁엔 냉이꽃과 노란 민들레와 돌나물이 사이좋게 자라고 있다.

한가한 시간에 오랜만에 만난 냉이꽃이 반갑다. 어쩌면 늘 길섶에서 만났을 수도 있지만 눈여겨보지 않았다는 말이 맞을지 모른다. 냉이는 볼품은 없지만 소박한 꽃이다. 얼마나 청초하고 향기로운 이름인가. '냉이' 하고 가만히 불렀더니 제 이름인 줄 아는가, 수줍어 바람에라도 몸을 숨기려는 듯 작은 키를 흔든다.

낯선 곳에서 느끼는 한낮의 적요. 그림자를 밟고 서서 바라보는 하늘은 맑기만 하다. 이곳은 세상 속에서 일어나는 그 어떤 일도 일어나지 않을 것 같다. 배추흰나비 한 마리가 날개를 접었다 다시 날기를 계속한다. 그런 나비를 눈으로 쫓다가 나도 나비가 된다. 나비는 연초록 잎새에 날개를 접었다가 앵두꽃에 앉았다가 파꽃 정수리에 앉아 간당거리며 졸기도 한다. 한낮의 적막은 깊이를 알 수 없는 물속으로 가라앉는 것 같이 귀가 멍하다. 그렇게 한참을 서 있으려니 몸속의 기운이 어딘가로 흘러가는 것 같다. 그것은 가슴을 쓸어내려가다가 등줄기로 흐르다가 목을 뻣뻣하게 하다가 기어이 눈으로 터져 나온다. 그리고 보면 눈이란 내 안과 밖의 통로이자 분출구인가 보다. 아무것도 생각하지 않고 가만히 있을 때, 하염없이 그 끝을 잡고 가다보면 슬며시 슬픔에 닿는다. 먼 산을 보거나 내 그림자를 가만히 내려다보고 있을 때도 비슷하다. 그리고 보면 가장 원초적인 감정은 슬픔인 것 같다. 나는 고요함이 주는 슬픔 속에 한동안 갇혀있었다. 그러나 그건 슬픔이 아니었다. 잊고 있던 어떤 감정과의 은밀한 악수 같은 거였다.

여자의 남편이 마당으로 들어선다. 눈빛이 맑은 초로의 남자는 그를 데리고 방으로 들어가 한참을 나오지 않는다. 나는 무료하여 마루에 걸터앉은 햇살을 데리고 논다. 여자는 그런 나를 예의 그 애매한 눈빛으로 바라본다. 그런 여자의 눈빛을 어디선가 본 듯하다.

그가 한참 있다 나오더니 이번엔 나더러 그 방으로 들어가라 한다.

"편안하게 엎드리세요."

남자의 목소리가 부드러운 건지 건조한 건지 분간이 되지 않는다. 다만 거역하면 안 될 것 같은 어떤 묘한 명령 같은 느낌에 엉거주춤 침대에 엎드렸다. 그는 천천히 등뼈 마디마디를 꾹 꾹 누르기 시작했다. 내 몸 속의 관절들이 허물어져 갔다. 겉으론 멀쩡해 보이지만 오래되어 헐렁해진, 겨우 걸려있던 몸속의 고리들이 스르르 풀어지는 소리가 내 안에서 들려왔다. 지압인지 경락인지 마사지인지 남자의 손놀림에 따라 내 뼈마디들은 반응했다. 생 땀을 흘리며 한참 끙끙 앓는 소릴 내다가 일어났다.

봄날 하루는 길다. 돌아오는 차 속에서 생각하니 아무래도 오늘은 참 이상한 날이다. 처음 본 여자에게서 따뜻한 밥을 대접 받고, 낯선 남자에게 온몸을 내 맡긴 채 있는 대로 앓는 소릴 내고. 그는 오늘 일에 대하여 한마디도 설명이 없다. 이 무슨 무언극인가. 오늘 나는 주연이었는지 조연이었는지 아니면 엑스트라였는지 분간이 되지 않는다. 어쩌면 삶이란 누구도 설명해 주지 않고 어떤 역할도 요구하지 않는 그런 무대 같은 것일까. 각본 없는 무대에서 혼자 그냥 허우적거리다 내려가는 거라면 이건 너무 허무한 몸짓 아닌가.

어둠이 내리는 고속도로 위를 그는 앞만 보고 달린다. 헤드라이트 불빛에 희끗희끗 눈발이 보인다. 뭔 날씨가 이 모양인가. 만개한 벚꽃 위로 펄펄 눈이 내리나 싶더니 이내 진눈깨비가 되어 사정없이 꽃들의 목덜미를 후려 댄다. 라디오에선 동해안에 때 아닌 폭설이 내리고 있다고 얘기한다. 우린 지금 폭설의 경계에서 벗어난 걸까. 와이퍼는 부지런히 진눈깨비를 밀어낸다. 여린 꽃송이들이 가여워 나는 연방 혀를 차다가 마사지 탓인지 침을 흘리며 잠에 빠져들었다. 이상한 봄날이었다.

방파제의 아침

 추석을 며칠 앞두고 딸들과 제주도에 갔습니다. 참 요즘 젊은 것들은 이기적입니다. 큰딸은 두 아이의 엄마입니다. 여섯 살 된 아들과 갓 돌을 넘긴 딸이 있지요. 작은딸도 팔 개월 된 아기가 있습니다. 아이들을 남편에게 떠넘기고 여행을 계획한 딸들을 칭찬해야할지 나무래야 할지 '제주도? 우리끼리만?' 앞뒤 가리지 않고 '좋아요'를 해버린 내게 문제가 있는 것 같기도 합니다.
 딸들은 서울에서, 나는 부산에서 출발해 제주도 공항에서 만났습니다. 가을을 재촉하는 비가 우릴 먼저 맞았습니다. 일단 우리는 집은 잊기로 했습니다. 엄마 없이 아이들을 사흘쯤 돌보고 나면 아빠들도 육아가 얼마나 힘이 드는지 생각들이 좀 달라질 거라나요.

　렌터카를 빌려 큰딸이 운전을 합니다. 우린 여기저기 많이 다니지 않을 생각입니다. 관광객들이 스치듯 지나간 곳을 그냥 이삭 줍듯이 천천히 다녀볼 생각입니다. 딸들은 체크해온 몇 집의 맛 집에 군침을 삼킵니다. 나는 아무래도 좋습니다.

　제주도는 햇살도 공기도 사뭇 다릅니다. 햇살은 투명하고 공기는 산뜻합니다. 여기저기 한가롭게 보고 즐기면서 다니다보니 결코 제주도는 작은 섬이 아닙니다. 이국정취를 느끼게 하는 야자수들, 야트막하지만 울창한 숲들, 해안가 마을의 조는 듯한 풍경들이 정겹습니다.

　바닷가 찻집에서 커피를 마십니다. 여느 곳들과 별로 달라 보이지 않습니다만, 영화 촬영을 했던 곳이라고 하네요. 유독 연인 커플들이 많이 보입니다. 딸들은 연방 스마트폰으로 사진을 찍어 남편들에게 보냅니다. 저녁 식탁에 나온 해물요리를, 찻집의 벽에 걸린 그림까지도… 보는 사람을 즐겁게 할 의도인지, 용용 약 올리는 건지 속을 알다가도 모르겠습니다.

　유네스코에 등재되었다는 거문오름 앞에서 우린 안내원의 지시를 따르며 섰습니다. 제주의 수많은 오름들 중에서 유일하게 예약을 해야만 오를 수 있다는군요. 딸들은 사뿐사뿐

잘 걷고 있습니다. 내게도 저런 시절이 있었을 텐데 내 발걸음은 자꾸만 뒤로 처집니다. 발밑의 흙이, 스치는 나뭇잎이, 바람에 흘러가는 흰 구름이 걸음을 더 더디게 합니다. 딸들은 엄마의 비위를 맞추려고 합니다. '어차피 엄마를 위한 여행인 걸요' 하고 말하는 것 같습니다.

  숙소 앞은 바로 바다입니다. 파도가 방파제에 부딪혔다 물러가기를 계속합니다. 일찍 눈이 떠졌습니다. 딸들은 아직 곤한 잠에 빠졌습니다. 해가 뜨려면 한참 있어야 할 것 같습니다. 혼자 밖으로 나옵니다. 방파제 위로 사람들이 많이 오고 갑니다. 빨간 등대가 오라고 손짓을 합니다. 방파제에서 바다로 내려가는 철제 난간 옆에 경찰관 한 명이 서 있습니다. 그 아래 양복을 입은 채로 물에 빠진 남자의 미역처럼 늘어진 모습이 보입니다. 새벽녘 이곳에서 고단한 삶을 접고 싶은 지친 영혼이 있었나 봅니다.

  방파제는 ㄱ자로 꺾여 있습니다. 이곳은 횟집 간판들과 수산물 공판장도 보입니다. 밤새 고기를 잡은 어선들이 한 척씩 들어오고 있습니다. 밤새워 어부들은 불을 밝히고 파도와 싸워가며 고기를 잡았겠지요. 공판장 앞 포장마차엔 뜨거운 김을 풀풀 내며 국이 끓고 있습니다. 나는 포구로 들어오는 배들의 이름을 눈으로 읽습니다. 동진호, 경성호, 새바다,

청진호, 태성호, 한 번쯤 들은 것 같은 이름들입니다. 해마다 태풍 때면 저런 배 이름들을 들먹이지요. 실종, 침몰, 사상자들을 발표해서 그 이름들이 낯설지 않습니다.

기막히게 시간을 잘 맞췄습니다. 수평선 위로 해가 떠오릅니다. 이럴 때는 꼭 뭔가를 마음속으로 빌어야 할 것 같습니다. 그런데 딱히 할 말이 없습니다. 그러나 생각나는 얼굴들은 있습니다. 아이들을 돌보고 있을 사위들 얼굴이 보입니다. 밤에 보채지나 않았는지 미안한 마음이 듭니다. 여동생들과 함께 여행을 떠나는 엄마를 보면서 아들이 한마디 했습니다. 왜 며느리는 여행에 끼워주지 않느냐고요. 그러면서 자신은 두 아이를 잘 볼 수 있다나요? 다음엔 며느리도 함께 와야겠습니다.

방파제 밑에는 으레 낚시꾼이 있습니다. 밤낚시를 끝낸 낚시꾼이 어구들을 챙겨 방파제 위로 올라옵니다. 그가 들고 있는 어롱 속을 들여다봅니다. 제법 많은 고기들이 담겨있습니다. 그건 고기가 아니라 밤새 그의 가슴 속에 해일을 만든 번뇌의 소산물인지도 모릅니다. 그는 무엇을 보내고 무엇을 가슴 안에 삭히며 밤을 새웠을까요. 낚시꾼은 빈속을 달랠 양인지 식당가 쪽으로 가고 있습니다. 뜨끈한 해장국이 아마도 그를 기다리고 있을 것입니다.

숙소로 돌아오니 딸들은 아직도 자고 있습니다. 방파제는 바다에만 있었던 게 아닙니다. 내 삶의 방파제가 되어온 딸들도 나름 고단했던가 봅니다. 얼마만의 꿀맛 같은 단잠일까 싶어 깨우지 않습니다. 누군 저때에 저러지 않았습니까. 아이들 키울 땐 실컷 자보는 게 소원일 때도 있었으니까요. 나는 슬며시 딸들 옆에 다시 눕습니다.

가을 속에 들다

　이맘때면 가을 들녘을 다녀온다. 가꾸는 텃밭이 있어서도 아니고 벼가 익어가는 논이 있어서도 아니다. 들녘에서 익어가는 벼를 눈으로 보아야 내겐 가을인 것이다. 그래서 그냥 들판으로 가본다.
　작은 풀씨 하나, 들꽃 한 송이도, 뜨거운 여름은 힘들었을 것이다. 비바람 치는 무서운 밤을 보낸 연약한 것들을 위로하고, 더위 먹은 듯한 내 삶도 위로 받고 싶어 걷는 들길은 많은 것들을 만나게 해준다. 아무데나 엉덩이 붙이고 앉으면 차랑한 햇살은 이마에 내려앉고, 가벼워진 구름은 가던 길을 멈추고 알은체를 한다. 벼가 익어가는 들판에서 메밀잠자리와 장난치던 바람도 반가운 얼굴로 달려온다.

어느 시인은 '8월은 오르는 길을 잠시 멈추고 산등성 마루턱에 앉아 한 번쯤 온 길을 뒤돌아보게 만드는 달'이라고 했다. 허겁지겁 숨을 헐떡이며 살아온 날들이 8월 같다면, 9월은 숨을 고르고, 옷매무새를 가다듬고, 느슨해진 신발의 끈을 고쳐 매어야할 것 같은 달이다.

아직 가을이라기엔 여름의 기세가 녹록치 않다. 그래도 길섶의 풀과 나무는 성하의 열기가 조금은 가신 시무룩한 낯빛이다. 밭둑의 무성한 호박덩굴들 속에 누런 호박이 만삭의 배를 안고 누워있다. 오랜만에 수수가 익어가는 밭을 본다. 아직 수수를 심는 손길이 있다고 생각하니 외할머니를 만난 듯 반갑다. 수숫대를 베어 정갈하니 빗자루를 묶고 싶다. 그 비로 내 안의 검불들을 쓸어낸다면 얼마나 개운할까.

들판에 두어 채의 농가가 한가롭다. 마당에는 붉은 고추가 널려있고 보름 남짓 남은 추석 차례에 오를 대추며 감도 담장 안에서 익어가는 중이다. 지금 들판의 것들은 모두 또랑또랑 여물어가는 중이다. 그러고 보니 작은 풀 하나도 그냥 서 있는 것 같지가 않다. 풀씨 하나가 여물어 땅에 떨어지는 데도 견디고 인내할 시간이 필요하다. 무성하게 씨앗만 뿌려놓고 가꿀 줄 모르는 내 안의 상념들은 언제쯤이면 열매가 되어 타작마당에 나올 수 있을까.

툭툭 운동화에 묻은 흙을 턴다. 저만치에서 어떤 부자(父子)가 승용차의 타이어를 바꾸고 있다. 타이어에 풀줄기들이 감겨있다. 하필이면 이런 곳에서 타이어 펑크가 날게 뭐람. 젊은 아들은 땀을 흘리며 타이어를 바꾸고, 아버지는 애가 타는 얼굴로 들여다보고 있다. 아마도 부자가 성묘를 하러 온 모양이다. 이윽고 새 타이어를 교체한 차는 날듯이 내 곁을 지나간다. 멀어져가는 자동차의 뒤꽁무니를 멀건이 바라보다가 어떤 단어 하나에 생각이 꽂힌다.

요즘 하루에도 몇 번씩 접하게 되는 말이 은퇴다. 은퇴(隱退)라고 하면 왠지 힘이 빠진다. 같은 뜻이라도 'RETIRE'라고 하면 힘이 솟는 느낌이다. 은퇴는 모든 직함에서 물러나 여유롭게 쉼을 뜻한다. 예순 전후의 은퇴자들에게 '여생이 얼마 남지 않았으니 자식들 봉양이나 받으면서 유유자적하며 지내시지요' 했다간 욕먹을 게 뻔하다. 탄력을 받아 한창 잘 나가는 젊은 그들에게 은퇴라는 말뚝을 박아놓고 달리는 길을 멈추라면 될 말인가. 차라리 '타이어를 교체하고 (RETIRE) 다시 힘차게 출발하셔요.' 하는 게 요즘 세태에 걸맞다.

9월은 가을로 들어가는 달이다. 농사도 더 공들여야하는 시기다. 아직 수확을 하기엔 좀 이르다. 태풍에 넘어져 다친 것들의 상처도 보듬고, 논바닥의 물도 빼주고, 두렁의 풀도 베어야할 때다.

　지금은 여름의 끝이자 가을의 시작이다. 엉덩이를 툭툭 털고 일어나 다시 길을 나서도 늦지 않을 때다. 미진한 것을 정리하고 해이해진 마음을 다독이기에 고마운 달. 계절만 가을이 아니라 나도 이제 가을 속으로 들어가고 있다. 아니 이미 들어와 있는 걸 애써 잊고 사는지도 모르겠다.

　집에 와서 보니 바짓단에 도꼬마리 몇 개가 붙어있다. 내가 어디에 갔다 왔는지 숨길 수 없는 또렷한 흔적을 보며 실소한다. 도꼬마리는 떨어지지 않으려고 안간힘을 쓴다. 그 모습이 어쩐지 나를 닮은 것 같다.

큰이모

 소한 추위가 여간 아니다. 코끝이 쌩하고 뺨이 얼얼하다. 하필 이런 날 큰이모가 돌아가셨다는 기별이다. "따신 날 다 놔두고 이렇게 추울 때 돌아갈게 뭐냐, 죽음 복도 어찌 그리 지독하게 타고났는지 모르겠다."며 말끝을 흐리는 어머니의 목소리가 떨렸다.
 기차에서 내리니 바람이 코트자락을 사정없이 파고든다. 목도리를 고쳐 매며 바라본 하늘엔 달도 얼어붙었다. 정거장 안의 텔레비전에선 폭설이 내려 교통이 마비된 서울의 풍경을 보여주고 있다. 장례식장은 시내의 끝에 있다는 택시기사의 목소리가 건조하게 들린다. 시린 달빛, 싸늘한 밤공기, 얼어버린 도로는 등뼈까지 한기를 느끼게 한다. 엄마 말마따나 이모는 왜 하필 이런 날 돌아가셨을까.

　이모는 한 마리 콩벌레처럼 누워 있었다. 그 모습을 보니 가슴이 울컥했다. 콩벌레는 살짝 건드리기만 해도 몸을 동그랗게 말아버린다. 자기만의 보호본능이다. 지금 이모는 죽은 척하고 있는 게 아닐까. 위험한 것들로부터 벗어났다고 생각되면 몸을 살살 펴서 움직이지 않을까. 이모는 '나를 두고 그 어떤 말도 하지마라. 위로 같은 거 필요 없다. 나는 아직 죽지 않았다'고 말하는 것 같다. 무엇으로도 표현할 길 없는 한 여인의 삶에 존경과 사랑과 끝없는 연민을 보내며 나는 마음속으로 애도했다.

　사람들은 흔히 말한다. 내가 살아온 얘기를 하자면 소설책 몇 권은 될 것이라고. 언젠가 이모도 그런 비슷한 얘기를 했던 것 같다. 시대를 거슬러 짐작해 볼 때 그때는 어느 누구의 삶도 녹록하지 않았을 때다. 백성들이 나라를 잃었으니 그 처지들이 보나마나 힘들었을 건 불 보듯 번한 일이다. 이모는 정신대를 피하여 일찍 시집을 갔다. 열다섯 살 초경도 치르지 않은 소녀를 가마에 태워 시집을 보냈다. 돌아온 가마꾼들이 보다보다 그런 산골은 처음이라는 말에 할머니가 대성통곡을 하였다고 한다. 양반가문이란 것 외엔 본 것도 들은 것도 없는, 하늘만 빼꼼하다는 곳으로 딸을 시집보낸 할머니 마음이 오죽 했을까.

쌀뒤주 안에 쌀이 한 됫박쯤 붙어있었다. 그것이 이모가 본 시집의 실상이었다. 시집 간 그날부터 이모는 굶기를 예사로 했고 혹독한 시집살이 또한 끝이 없었다. 솜털도 가시지 않은 어린 며느리는 새벽녘까지 베를 짜고 다듬이질을 하고 아침저녁으로 우물에서 물동이로 물을 여다 밥을 했다. 밭 매고 누에 치고 길쌈하고 빨래하고, 말이 어른이지 열다섯 어린 것이 그 일을 다 해내려니 부엌강아지가 따로 없었다. 몸집이 큰 어머니에 비하여 이모의 체구가 작은 것은 아마 그런저런 이유가 있었을 것 같다.

한 해만 참았으면 되었을 것을, 그건 할머니의 넋두리였다. 이모가 시집 간 다음 해에 해방이 되었다. 그러나 그것도 잠시 6·25가 일어났다. 군대에 간 이모부는 상이군인이 되어 돌아왔다. 이모는 수족이 불편한 남편을 대신하여 온갖 궂은일을 다하였다. 시부모를 섬기고 올망졸망 태어난 오남매를 알토란같이 키웠다. 허리띠를 졸라매며 문전옥답을 한 뙈기씩 사들였다. 한 해 두 해 살림 늘어나는 재미에 세월 가는 줄을 몰랐다.

이모는 어렵던 시절 친정에 발걸음도 하지 않았다고 한다. 가난한 모습을 보이기 싫었던 이모의 자존심이었다. 할머니는 그런 이모를 독한 년 매정한 년이라고 하면서 그리워하였다. 장날이면 장에 가서 인편으로 딸의 소식을 듣고 오곤했다. 이모가 찰떡 한 광주리와 부모님 한복을 지어 첫 친정을 왔을 때 모녀가 끌어안고 목을 놓아 울었다고 한다. 이웃 사람들이 몰려와 함께 눈물을 흘리며 떡을 먹었다던가.

  부자 소리를 들으며 부농의 안주인 노릇이 이모에겐 너무 호사스런 일이었을까. 이모는 덜컥 병이 들었다. 생전 듣지도 못한 파킨슨병은 그녀의 근육을 오그라들게 했다. 토란잎에 이슬같이 엽엽하던 모습도 병 앞에선 어쩔 수 없었다. 이모가 병이 들고 얼마 후 된 시집살이를 시켰던 시어머니가 세상을 떠났다. 그 어른이 돌아가시면서 유언처럼 했다는 말씀. "우리 며느리는 똥도 버릴 게 없다. 어쩌다 이런 병이 들었는지 다 내 죄다. 내가 네 병 다 가지고 가마." 하셨단다. 이모는 시어머니의 그 말이 하도 고마워서 사흘을 울었단다. 어쨌거나 죽은 자의 염원은 효험이 없는지 이모의 병은 낫지 않았다. 병석에서 20여 년 자식들 걱정을 끼쳤으니 그간의 사정을 어찌 다 말하랴.

  거의 40여 년 만에 이종사촌들을 만났다. 멀리 있는 사촌은 이웃만도 못하다더니 그 말이 맞는 것 같다. 길에서 마주쳐도 알아보지 못할 얼굴들을 보며 손을 잡은 채 할 말을 찾지 못했다. 우리는 서먹함을 누른 채 살아온 얘기들을 주섬주섬 늘어놓았다. 장소가 어디가 되었던 살아있는 사람들은 살아가는 이야기를 하고 향불 냄새를 맡으며 밥을 먹었다.

　초등학교 시절 방학 때면 곧잘 이모 댁에 갔다. 마당에 큰 호두나무가 있고 그 밑에 평상이 있었다. 그곳에 누워 별을 보며 잠들기도 하는 밤이 나는 무척 좋았다. 소를 몰고 꼴 먹이러 가는 아이들 뒤를 따라 가는 것도 재미있었다. 마을은 풍광이 빼어났다. 마을 앞으로 큰 시냇물이 흘렀고 살이 통통한 다슬기가 바위 밑에 새까맣게 붙어 있었다. 아이들은 물속을 텀벙거리며 다슬기를 잡았다. 반나절이면 소쿠리 가득 찼다. 그 시절 어른들의 삶이 팍팍한지 곤궁한지 알 길 없던 우리는 산으로 들로 냇가로 뛰어다녔다. 저녁놀이 빨갛게 하늘을 물들일 때가 되어야 집으로 돌아갔다. 뜨끈한 나물죽 한 그릇 뚝딱 먹고 나면 고단하여 일찍 잠들었다.

　이모는 어디다 숨겨 두었던지 내가 집으로 돌아갈 때면 호두를 곧잘 싸주었다. 아무래도 시어머니 몰래 주는 것 같았다. 이모는 호두같이 야무진 여인이었다. 껍질이 단단하여 쉽게 속살을 내보이지 않는 호두처럼 감정을 잘 드러내지 않는 옹골진 성격을 갖고 있었다. 말보다는 몸이 먼저였고 아이들에겐 무척 엄격했다. 나는 호두만 보면 이모 생각이 난다. 내 기억의 창고 안에는 그곳에서의 일들이 가끔 별무리처럼 떠올라 반짝거린다.

　찬바람에 얼굴이 시퍼런 상주들이 잉잉거리는 포클레인만 말없이 바라본다. 꽁꽁 얼어버린 땅을 파기가 쉽지 않은지 연신 끙끙거린다. 길지 않은 한 생애 가녀린 어깨에 삶의 무게를 지고 끙끙거렸던 여인. 이제 차디찬 땅속에 누워 편히 쉬려나. 땅을 파는 작업도 끝이 나고 한 여자의 고통도 끝이 났다. 살아 있는 사람들은 종종걸음으로 산을 내려갔다.

다이아몬드 브릿지

 예쁜 이름을 갖는 것은 행운이다. 정작 본 이름을 두고 애칭을 붙여주는 덴 나름의 이유가 있음이다. 광안대교라는 이름은 평범하다. 지명을 따서 붙인 이름이란 걸 금방 알 수 있다. 그런 광안대교가 '다이아몬드 브릿지'란 이름을 얻은 데는 부산사람들의 사랑이 고스란히 담겨있다.
 다리는 물을 건너는 기능을 갖고 있다. 얕은 도랑물을 건너는 징검다리, 겨울철 냇물을 건너게 하던 섶다리. 큰 기둥을 세워 강을 건너게 하던 콘크리트 다리를 지나, 지금은 바다 밑은 물론, 섬과 섬 사이를 잇기도 하고, 군과 도시를 잇기도 하면서 막강한 힘을 과시하고 있다. 분초(分秒)를 다투는 현대인들에게 시간만큼 긴요한 것은 없다. 물류와 소통은 시간과 비용을 따지는 셈법이다. 에돌아가는 시간을 절약해 주는 효능까지를 갖추고 있는 게 바로 산업화의 밑거름이 되는 다리다.

어린 시절 살았던 동네 앞에 감천(甘泉)이란 시냇물이 있었다. 여름철 장마나 홍수를 빼면 그곳은 아이들의 놀이터였다. 여름 한철 내내 그 냇물에서 살다시피 했다. 냇물을 따라 방죽이 오리 길도 넘게 쌓여져 있고, 수양버들이 냇물에 가지를 늘어뜨린 채 줄지어 서 있던 풍경은 지금도 기억 속에 아련하다.

가을 추수가 끝나면 마을 사람들은 섶다리를 놓았다. 냇물만 건너면 금방 닿을 수 있는 장(場)이지만 둘러서 가면 반나절이 걸렸기 때문이다. 그때의 섶다리는 겨울 한철을 넘기면 그만이었다. 여름철 홍수나 장마에 견딜 수 있을 만큼 견고하게 지어지는 다리가 아니었다. 나무로 기둥을 세우고, 기둥사이에 얼기설기 나무를 걸치고 엮어, 그 위에 솔가지 따위로 덮으면 되는 것이다. 그날은 마을의 아낙들도 냇가에 솥을 걸어 밥을 하고 추어탕을 끓였다. 그 시절엔 거지도 많아서 '다리 놓는다'는 소문이 어디까지 퍼졌는지 떼로 몰려오곤 했다. 얻어먹으려면 씻고 오라는 말에 냇물에 들어가 세수를 하고 머리에 물을 축이며 저희들끼리 시시덕거리던 모습은 어린 우리들 눈엔 구경거리였다.

　광안대교는 사람이 건너는 다리가 아니라 차들이 달리는 길이다. 멀리서 바라보는 다리와 달리는 차 안에서 보는 다리는 다르다. 차를 타고 달릴 땐 그냥 빨리 가는 바다 위의 길 일뿐이다. 같은 고장에 살지만 그곳을 차로 건너는 일은 그리 많지 않다. 어쩌다 그곳을 통과할 때면 다리 밑으로 출렁이는 바다를 더 유심히 바라본다. 느긋하니 관광객의 시선으로 광안리 해변의 모습을 바라보기도 한다. 해운대 주변의 번쩍거리는 고층건물들을 볼 때면 낯선 이국 풍경을 바라보는 듯하여 가슴이 두근거린다.

　감히 생각이나 했던가. 푸른 바다를 가로지르는 다리가 놓일 거라고. 하물며 그 다리가 화려한 불꽃놀이로 유명세를 탈 줄이야. 불꽃놀이의 진수를 보여주는 곳이라면 단연코 광안대교다. 밤바다를 비추는 화려한 조명과 하늘을 수놓는 색색의 불꽃을 보는 사람들은 입을 다물지 못한다. 하루가 모자라 이젠 불꽃놀이 기간도 길어졌다. 그때마다 몰려드는 사람들로 광안리는 몸살을 앓고, 구경하는 사람들은 그 아름다움에 도취되어 함께 앓기도 한다.

　호불호(好不好)의 감정은 어느 곳에나 존재한다. 얻는 게 있으면 잃는 것도 있다. 긍정적인 측면 뒤엔 부정적인 측면

도 자리한다. 나는 행정가도 시민운동가도 아닌 평범한 주부다. 내 걱정도 많아서 나라의 경제와 살림을 걱정할 위인이 못된다. 하룻밤 화대로 집 한 채를 날리고도 껄껄 거릴 만큼 배포 큰 남정네는 더더욱 아니어서 하려고만 들면 군걱정이 끝이 없다.

지방자치제 이후 모든 도시와 군(郡)들이 지역홍보에 혈안이 되어 있다. 지역의 특산물이나 명소를 살려서 성공한 곳들도 많다. 부산은 천혜의 지리적 요건에 'FIFF 영화제'라는 국제적 행사와 화려함의 극치인 '광안리 불꽃놀이'라는 독보적 존재가 있다. 그것들은 해를 거듭할수록 부산의 명물로서 손색이 없다.

영화제와 불꽃놀이를 지켜보면서 드는 생각이 있다. 불꽃놀이는 그야말로 타오르는 불길처럼 순간이다. 그 순간을 위하여 천문학적인 돈을 퍼붓는데 따가운 시선이 있다. 그러나 영화제는 며칠씩 걸리고 많은 나라의 사람들이 와서 머문다. 그들에게 영화 말고도 짬짬이 볼거리가 필요하다. 영화제가 열리는 기간에 불꽃놀이를 할 수는 없을까. 관계자들이 서로 협조하여 프로그램을 짠다면, 일석이조를 노린 관광객이 틀림없이 늘어날 것이다. 그들이 어떻게든 며칠씩 머물러 주어야 큰 행사를 계획하고 치르는 측이 원하는 것을 얻지 않겠는가. 이왕지사 벌린 굿판이라면 한바탕 신명나게 휘둘러야 한다. 굿판엔 구경꾼이 많아야 한다. 그 때문에 멀리 있는 이들에게 문자를 보내는 오지랖이 되기도 하지만 어찌되었던 그들의 혼을 쏙 **빼놓고** 볼 일 아닌가.

  다리는 물 위에만 존재하는 것은 아니다. 사람 사이에도 다리는 필요하다. 언제부턴가 불통이 되어버린 그대와 나 사이에도 소통이라는 다리가 필요하다. 험한 세상의 파도를 넘을 때마다 내 안에도 중심을 잡아줄 그런 다리가 절실하다. 바다를 가로질러 앞으로 달려갈 수 있는 다리. 버거운 삶을 살아가는 사람들에게 바라만 보아도 위로를 주는 다리. 그래서 부산 사람들은 그에게 최고의 이름을 선물했다. '다이아몬드 브릿지'라고.

5장

웃어주는 일

아미월(蛾眉月)

　피지도 못하고 지는 것들이 있다. 열매를 맺지 못하고 떨어지는 꽃, 꿈도 펼치기 전에 다하는 생, 알콩달콩 살아보지도 않고 끝장내는 커플, 태어나지도 못하고 스러지는 목숨. 끊임없이 생겼다 사라지는 그것들은 가슴을 저리게 한다.
　요즘 계모(繼母) 이야기가 사람들의 심기를 불편하게 한다. 이혼이 늘어나니 자연히 재혼도 많다. 재혼에는 으레 내 자식 네 자식이 갈등의 요소가 된다. 당사자인 부부야 살 섞고 살면 그만이지만 아이들이 문제다.
　우리는 계모에 대한 좋지 않은 선입관을 가지고 있다. 어릴 적 「콩쥐팥쥐」나 「장화홍련」 속의 계모는 다 악독하다. 밥을 굶기고, 일을 시키고, 광에 가두기도 하고, 누명을 씌워 내 쫓기도 한다. 계모 밑에서 큰다는 것은 바로 서러운 운명의 그늘을 벗어날 수 없다는 의미기도 하다.

뉴스 시간마다 혀를 차게 하는 울산의 계모와 칠곡의 계모는 악독하기가 말을 할 수 없을 지경이다. 울산 계모는 겨우 여덟 살 난 여자아이의 갈비뼈 열 몇 개가 부러지도록 때렸다니 글로 옮기기조차 무섭다. 뜨거운 물을 몸에다 붓고, 욕조에 머리를 처박았다니 그 어린 것이 무슨 죄인가. 칠곡의 계모는 작은 딸을 죽여 놓고 그걸 열두 살 언니가 죽인 걸로 사주했다니 천인공노할 일이다. 아이를 세탁기에 넣고 돌리고, 계단에서 굴리고, 얼마나 때려야 죽을 수 있는지, 사람이라면 도저히 할 수 없는 짓을 저지른 것이다.

내게도 아픈 기억이 있다. 한 점의 슬픈 얼룩처럼 남아있는 가엾은 내 친구 은수. 시내의 중학교를 다니던 때 그 아이는 등하교 길의 짝이었다. 탱자나무 울타리가 짙푸른 성처럼 견고해 보이던 과수원 집 딸이었다. 피부가 사과의 속살처럼 뽀얀 은수는 인형처럼 예뻤다. 우린 할 얘기가 너무 많았다. 무슨 얘기를 했었는지 지금은 기억도 나지 않지만 아무려나 그때는 그 나이에 걸맞은 얘기들을 했을 것이다.

어느 날 은수의 팔뚝에 멍이 시퍼렇게 든 걸 보았다. 그 무렵 등교 길에 불러도 얼굴을 내밀지 않았다. 지각을 하기도 하고 결석하는 날도 잦았다. 어쩌다 만나면 글썽글썽 눈물을 지었다. 뭘 제대로 볼 줄 알고 느낄 줄 아는 나이가 아니었다. 친구에게 무슨 일이 있는지, 아픔이 뭔지, 그런 걸 알고 고민을 들어줄 만큼 의식이 성숙하지 못할 때였다. 다만 그즈음 계모가 들어왔다는 소리만 들었다.

먼 산에서 뻐꾸기가 울어대던 아침, 사람들이 웅성거리며 과수원 앞에 모여 있었다. 그들 속에서 들려오는 '은수'라는 얘기에 불길한 예감이 들었다.

"농약을 마시고 죽었대."

"저런 불쌍한 것. 그 어린 것이……."

은수가 죽었다는 게 믿기지가 않았다. 우리가 꿈꾸던 세상 속에 아직 발도 들여놓지 않았는데 홀연히 안개처럼 사라져버린 열다섯 살 소녀. 천하보다 귀하다는 한 생명이 봄날의 꽃보다도 가볍게, 사과가 툭 떨어지듯 생을 마감한 게 허무하고 무서웠다. 그때의 충격은 은수의 팔뚝에 남았던 멍 자국과 함께 오래도록 내 안에서 사라지지 않았다.

은수 아버지와 재혼한 여자는 시내에 있는 다방의 마담이었다. 얼굴이 반반한 그녀는 과수원의 안주인이 된 날부터 은수를 식모처럼 부렸다. 일하던 사람이 말을 물어낸다고 내보낸 뒤부터는 온갖 궂은일을 은수에게 다 시켰다. 손때까지

매워 아이의 보드라운 살을 꼬집고 때렸다. 없던 일도 지어내어 고자질을 하는 바람에 아버지한테까지 혼이 난 아이는 더 이상 물러 설 곳이 없었던 모양이다. 죽던 날도 지갑의 돈이 없어졌다며 계모는 다그쳤고, 광속에 숨어서 울던 아이는 선반 위의 농약병을 본 것이다.

 초사흘 달을 아미월(蛾眉月)이라고 한다. 보름달처럼 채우지도 그믐달처럼 비워보지도 못하고 사라지는 운명. 만삭을 꿈꾸다 쏟아버린 생명 같이 애잔한 초저녁 달. 아미월 아미월하고 중얼거리면 무슨 주문 같은 느낌이 든다. 내가 해보지 못했거나 하다가 그만둔 것들, 공들이다 차버린 것들, 이름을 지어주지 못하고 버린 수많은 파지(破紙)들. 이뤄질 수 없는 사랑이라 속단하며 끝장내버린 실연의 아픔들이 줄줄이 주문을 따라 나온다. 그것은 바라만 보고 눈길 한 번 마주치지 못한 애틋한 사랑처럼 애연하다. 무엇이 되어보지도 못하고 사라져 버린 것들이 수많은 아미월이 되어 내 안을 둥둥 떠다닌다.

 우리는 누구나 생명이라는 씨앗을 품고 세상이라는 텃밭에 뿌려진다. 어떤 건 충실하게 자라 꽃을 피우고 열매를 맺는다. 그러나 어떤 것은 제대로 자라지도 못하고 보이지 않는 불가항력 앞에 어이없이 져버리기도 한다. 길은 가봐야

끝을 알 수 있고 삶도 살아봐야 그 맛이 쓴지 단지 알 수 있다. 가보지도 않고 살아보지도 않고 지레 목숨을 끊는 것은 생명을 준 이에 대한 예의가 아니다. 그 때문에 우리는 자살을 죄악으로 여긴다.

  늘 내 안에 수줍은 아미월 같은 은수. 지금도 그곳에 과수원이 그대로 있을까. 봄이면 사과나무에 하얀 꽃이 피고, 날카로운 가시들 속에서도 찔리지 않고 날아다니던 벌들을 만날 수 있을까. 노랗게 익은 탱자를 코에 대고 킁킁거리던 은수가 나처럼 머리에 염색을 하며 늙어가고 있을까. 아니면 저 먼 나라에서 결혼도 하고 아이도 낳아 기르며 어쩌다 쉬 떠나온 이곳을 그리워할까.

  가끔 뜬금없이 지나온 어떤 날이 손님처럼 찾아 올 때가 있다. 마음이 내 안의 담을 넘어 멀리 달아나고 싶은 날은 길을 나서기도 한다. 그 길에서 만나는 숱한 아미월 앞에 술 한 잔 올리며 읍(揖)하고 싶다.

시인의 아내

　수필을 공부하는 한 여인을 만났다. 그녀는 요즘의 문단에 대하여 아주 부정적인 견해를 갖고 있었다. 닮고 싶은 작가도, 흉내 내고 싶은 롤 모델이 없다고 툴툴거렸다. 그러면서 하는 얘기가 자신은 그냥 수필이 좋아서 배우고 쓸 뿐, 등단이라는 과정을 거쳐 작가가 되고 싶지 않노라고 했다.
　이런저런 이야기 끝에 그가 하는 말이 '문인이 너무 많은 세상'이라고 했다. 적어도 문인은 희소가치가 있어야하는데, 같이 공부하는 사람들이 너무 쉽게 등단을 한다는 거였다. 게 중엔 운이 좋아 등단을 해놓고 아예 활동은 하지 않으면서 문인이란 명찰을 액세서리로 걸고 다니며 정신적 사치를 누린다고 비꼬았다. 그의 얘기를 듣는 중 문득 시인 김수영이 떠올랐다.

　김수영이 활동했던 60년대에 이미 그는 '어중이떠중이가 다 문인이 되려는 세상'이라고 일갈하였다.

> 　보통 한 시대에 한 두서너 명의 시인이 있으면 족하다. 나머지 것들은 다 들러리나 비료의 역할이나 하면 된다. 지금 우리나라에 오백 명의 시인이 있다고 해도 이건 큰일 나는 일이다. 희극으로서도 큰일 나는 희극이다. 그러나 이 오백 명이 서발 막대기로 휘저어 놓은 것 같은, 죽도 밥도 아닌 졸렬한 시를 매달 써 내놓는다고 해도 그 피해는 이 서발 막대기를 마구 휘둘러서 사람을 죽이는 깡패나 밀수업자가 되느니보다는 낫다. 잡지사의 시 고료가 좀 허실이 날 정도이고, 그 대신 우리 같은 가난한 추천자의 담뱃값 정도는 벌어주게 되니 피장파장 아닌가.
>
> 　　　　　　　　　　　문단추천 폐지론 중에서

　김수영은 폐지론은 주장했지만 그를 해결할 어떤 해결책은 제시하지 못했다. 딱히 해결할 수 있는 대안이 없는 문제이기도 하다. 어느 곳이나 어느 단체나 그것이 이권을 챙기는 것이 아닌 명예나 수식이 필요한 사람도 있기 때문이다. 돈이 되는 짓도 아닌 문인이란 명찰을 다는데 뭐라고 왈가왈부할 수 있는가. 끼리끼리 어중이떠중이들은 어느 곳에나 있기 마련이다. 나도 그중의 한 사람이다. 그렇게 해서라도 문학의 저변 인구가 늘어나야 문학이라는 이름에 존재의 무게가 실리지 않을까 싶은 건 내 궁색한 변명인지 모른다.

김수영 시인에겐 수식어가 많다. 자유와 저항 시인. 광복 이후 최고의 시인이란 꼬리표 뒤엔, 도발, 파격, 난해성, 실험적, 참여적, 드라마틱한 삶, 현실비판, 참여적 문학인. 왜 그에게 이렇게 많은 수식어들이 붙었는지 궁금해졌다. 그러던 차에 우연히 서점에서 그의 아내가 쓴 수필집을 보게 되었고 많은 궁금증이 풀렸다.

시인의 아내가 쓴 「김수영의 연인」을 읽는 동안, 그들은 감히 그 시절 누구도 할 수 없는 연애를 했고 그 어떤 관습에도 얽매이지 않았다. 그들은 부모로부터 받은 결혼비용으로 결혼식은 올리지 않고, 여행을 다니고 데이트비용으로 썼다고 한다. 어느 여름날, 여의도에 갔다가 물웅덩이를 만난 그녀가 대낮에 옷을 훌훌 벗고 물속으로 들어갔고, 시인도 발가벗고 들어가서 물장구를 치고 놀았다니 어디 상상이나 되는 일인가.

시인의 아내는 아직도 시인과 동거중이며, 밤을 새워가며 문학을 얘기하고 토론했던 뜨거웠던 열정을 그리워한다. 친구를 만나는 날은 술을 마시는 날이었고, 술을 마시면 세상을 향한 분노와 자기 연민으로 주사를 부렸다는 내용도 솔직하게 적혀있었다.

　김수영은 4·19와 5·16을 거치면서 모더니즘 시들을 소나기처럼 퍼부었다. 그리고 시인은 눈앞의 현실만 보아서는 안 되고 적어도 석 달 전쯤은 앞을 내다보는 혜안이 있어야 한다고 문단의 앞날을 예언했다. 그가 남긴 수필은 많지 않지만, 그의 수필 속엔 유머가 있고 비아냥이 있고 자기 연민과 설움이 녹아있다. 삶 또한 드라마틱하다. 그가 의용군에 징집 당하고, 유엔군이 평양을 탈환할 때 탈출을 했으며, 그 뒤 경찰에 체포되어 거제도 포로수용소에 수감된 얘기는 유명하다.

　그때나 지금이나 문단추천에 대한 풍조는 비슷하다. 그때는 누군가의 추천으로 등단이 되었지만, 지금은 문학지의 응모가 대부분이다. 다만 문학지가 너무 많다보니 문인이 양산되는 것은 사실이다. 그러다보니 단체도 많고 잡음도 끊이질 않는다. 이상적인 사회에서 문인은 하등의 단체를 필요로 하지 않는다며, 모든 단체에서 탈퇴했던 그가 지금의 상황을 본다면 어떤 독설을 던질지 짐작이 된다.

　그의 아내는 '아직도 나는 시인과 동거 중입니다'하고 오직 그만을 사랑하고 존경한다고 말하고 있다. 많은 독자를 거느린 시인. 논쟁의 중심에 서 있는 시인. 그가 죽은 지 40여

년이 지난 지금, 시인의 아내는 그를 위한 뜨거운 사부곡을 부르고 있다. 정치적 간섭을 싫어하고 사상과 표현의 자유를 주장한 시인. 현실비판적 언행으로 동시대 작가들에게 통렬한 비판을 받으며 늘 논쟁의 중심에 서 있었던 시인. 죽은 지 반세기가 가까운데도 아내의 사랑을 뜨겁게 받고 있는 남자. 죽는 순간까지 한 남자를 마음에서 놓지 못하는 시인의 아내. 은근히 부럽다.

웃어주는 일

 선택은 늘 갈등을 동반한다. 할 것인가 말 것인가. 이럴 때 나는 늘 하는 쪽을 택한다. 일단 저질러놓고 보는 위험형에다 대책 없는 긍정파다. 교회의 소망부 교사를 제안 받았을 때만 해도 그랬다.
 소망부는 정신지체장애아들을 모아놓고 예배를 드리는 공간이다. 장애아 한 명을 교사 한 명이 맡는다. 교회라는 공간이 안전한 곳이기는 하지만, 무슨 일을 저지를지 알 수 없는 아이들이라 한시도 눈을 뗄 수 없다. 차량 봉사자들이 집으로 아이들을 데리러 가고, 예배가 끝나면 데려다 준다. 선생님들은 어디로 튈지 모르는 공 같은 아이들을 보호하고 무사히 부모에게로 돌려보내야 하는 의무를 갖는다.

아주 기본적인 교사 교육을 받았다. 그들의 행동이나 심리에 대한 강의를 들으면서 걱정도 되고 호기심도 생겼다. 그들을 내 기준으로 생각하지 말며 행동하지 말라. 한 가지를 익히고 말귀를 알아듣는데 한 달, 아니 일 년이 걸릴 수도 있다. 교사는 인내를 가지고 수없이 반복을 해야 한다.

처음으로 소망부 교실에 들어섰다가 눈앞의 광경에 주춤하고 말았다. 괴성을 지르는 아이, 뛰어다니는 아이, 피아노를 쿵쾅 눌러대는 아이, 아이는 달아나고 교사는 쫓아가는 진풍경이 벌어지고 있었다.

내게 맡겨진 장애아는 서른 살의 청년이다. 키는 크지만 왜소하고 말이 어눌하다. 이야기하는 걸 빤히 쳐다보는 모습이 뭔가를 이해하는 것 같기도 하고, 도통 모르는 것 같기도 해서 나까지 애매한 표정을 짓게 된다. 어쨌든 초보교사라고 많이 봐 준 듯 비교적 얌전하여 조금은 안심이다.

소망부 교사를 권유 받을 때, 봉사니 헌신이니 하는 거창한 명분 말고, 그냥 지체가 부자유한 아이들 옆에 있어주고 지켜보기만 하면 되는 일이라고 했다. 교사 경험이 없는 내가 성한 아이들도 아니고 장애아들의 선생 노릇은 감히 상상 못한 일이라 일언지하에 사양하였다.

손사래를 치며 거절했지만 마음이 불편했다. 누군가가 그랬다. '이젠 나이도 들었으니 어딘가에 가서 봉사를 해야겠다'고. 나이 들었다는 말에 가슴이 쿵하며 나이 든 만큼 나도 뭔가 해야 하지 않을까 하고 한동안 생각이 많아졌다.

봉사는 결코 쉬운 일이 아니다. 시간이 남아서 하는 것도 아니고 할 일이 없어서 하는 것도 아니다. 누구의 강요 때문은 더욱 아니다. 교회 안에도 많은 봉사자들이 있다. 교사, 안내, 식당설거지, 화장실 청소, 주차원 등. 그들의 손길이 있기에 나름의 질서가 유지되고, 주일 날 많은 사람들이 점심 한 그릇을 먹을 수 있다. 그동안 적당히 교회문턱이나 넘고 다니며 교인 흉내 내기에 그쳤던 내 모습이 조금씩 부끄러워지기 시작한 것이 결국 승낙의 계기가 되었다.

이순(耳順)의 나이에 들면 세상일을 순리에 따른다고 한다. 무엇이 옳고 그런지를 분별할 줄 알며 어떻게 살아가야 하는지 깨닫는 나이기도 하다. 다만 마음은 움직이는데 몸이 따라주지 않아 매사가 귀찮아져서 탈이다. 마음으론 되는 것도 안 되는 것도 없다. 안방에서 부엌까지 가는 데 한나절 걸릴 때도 있고, 컴퓨터 앞에 앉는데 며칠이 걸리기도 한다. 마음이 순종하면 몸은 자연히 따라가는데 마음먹는 것이 늘 어렵다.

K는 묻는 말에만 대답한다. 대답도 '예, 아니요' 단답형에 간단명료하다. 내가 해 줄 수 있는 건 별로 없다. 눈이 마주

치면 웃어주고, 손을 잡아 주고, 아직은 쑥스럽지만 다른 교사들처럼 아이와 머리를 맞대고 기도한다. 엉거주춤 율동을 따라하고. 식당에서 밥 먹는 걸 챙길 정도다.

고백하면 나는 그동안 정상아가 아닌 사람들과 가까이한 적이 없다. 그들을 나와는 별개의 사람이나 부류로 생각해 왔다. 그런 내가 그들 속에 섞여 편안한 마음을 갖기는 쉽지 않다. 첨엔 그냥 희죽거리는 얼굴을 정면으로 바라보는 데도 가슴이 방망이질을 했다. 막무가내로 옆으로 비집고 들어오고, 옷을 들추고, K의 반벙어리 발음을 나는 못 알아듣기 일쑤다. 서로 멀뚱거리다가 어색한 침묵 속에 빠지기도 한다. 결국 아이에게 다가가는 길은 손을 잡아주거나 등을 토닥거려주고 웃어주는 일이다.

이제 그들을 보는 마음이 조금 편안하다. 그들은 몸속의 어느 한 부분이 잘못 맞춰졌거나, 어느 한 곳의 기능이 제 역할을 못하여 조금 부족할 뿐이다. 그들을 상대로 하는 목사님의 성경말씀이 내 수준에 맞는 것도 편안함을 준다. 어쩌면 내 의식은 무의식중에 아이들의 수준으로 맞춰지고 있는지도 모르겠다.

물감으로 글씨를 쓰며 놀 때 우리는 친구다. 점선을 따라 가위질 하는 서툰 동작에 손이라도 베일까, 침을 꼴깍 삼키며 바라볼 땐 엄마의 마음이 된다. 작은 일에도 칭찬을 하고 맞장구치며 손을 잡을 땐 장애자 손자를 둔 할머니의 안타까운 마음을 짐작하게 한다.

　세상에 온전한 이가 얼마나 될까? 요즘 사회는 수많은 장애아들을 양산해 낸다. 마음이 비뚤어지고 생각이 모가 난 사람들이 얼마나 많은지, 연일 터지는 사건들 속의 많은 사람들이 신체적 장애 못지않은 마음의 장애를 앓는 이들이라면 반박하고 나설 이가 많지 않을 듯하다.

　K가 두리번거리며 교실로 들어온다. 나를 찾고 있는 것 같다. 손을 흔들며 이름을 부르자 온몸을 흔들며 다가온다. 오늘따라 가슴이 울컥한다. 나를 필요로 하는 어떤 존재 앞에서 느끼는 주체할 수 없는 이 감정의 정체를 굳이 이름 지을 필요가 있을까. 그것이 기쁨이든 연민이든 숨기고 싶지 않다.

　K의 손을 꼭 잡아본다. 전에는 움찔 하더니 이젠 전혀 거부감이 없다. 시선이 마주치면 슬며시 외면하더니 이젠 무릎이 닿아도 피하지 않는다. 이렇게 서로 편안해지며 정이 드는가 보다. 예쁜 여교사가 '오른손 위로~ 왼손 위로' 하고 율동을 한다. 절도 있는 동작이 아니면 어떤가. 서로 마주보며 웃으면 따뜻한 열기가 가슴 안으로 차오른다. 봉사라고? 천만의 말씀이다. 내가 하는 일이란 고작 웃어주는 일일 뿐.

고단한 섬

하얀 누에를 닮은 여자가 온몸의 진액이 다 빠져나간 듯 누워있다. 흰 머리카락은 이마를 덮었고 움푹 들어간 눈은 초점이 맞춰지지 않는다. 갑작스런 나의 방문이 어리둥절한지 K는 잔뜩 긴장한 모습으로 구부정하니 서 있다.

"누구요…?"

세상만사 귀찮다는 듯이 누에가 이불 안에서 구불거리며 일어나 앉는다. 이럴 때 뭐라고 인사를 해야 하나. K가 여인에게 버벅거리며 소개를 한다. 용케도 아들의 말을 알아들은 여인이 그때서야 반색을 한다.

"아이고, 여를 뭐 하러 왔습니꺼. 길이 어데라꼬."

"K가 연거푸 결석을 해서 와 봤습니다. 많이 편찮습니까."

여인은 허물 같은 이불을 한쪽으로 밀치며 내 무릎을 끌어당긴다. 벽에 걸려있는 사진 속의 주인이, 설마 내 앞에 앉은 이 여인일까. 커다란 눈을 상글하니 뜨고 입꼬리를 살짝 올리며 웃고 있는 얼굴이 곱다. 저고리 동정이 하얀 흑백 사진 속 여인에게 나는 묻고 있었다. '무엇이 당신을 이토록 허물어트렸습니까. 당신에게도 저런 눈부신 날이 있었군요.'

있는 힘을 다하여 누에가 천천히 실을 풀어놓는다. 실은 끊어졌다가 이어졌다가를 반복한다. 그녀의 말을 들어주는 것으로 오늘 이곳 방문이 헛되지 않을 것 같다. 간간이 그녀가 풀어내는 실이 끊어질까봐 내 목소리는 한 옥타브 높다. '저를 어째' '세상에 무슨 그런 일이' 하고 추임새를 넣는다.

무슨 운명의 장난인지 태어난 두 아들이 다 온전치 못했다. 처음엔 몰랐다. 행동이 늦되는 아이도 있으니까. 늦게 말문이 터이기도 하니까. 그러나 설마 하는 우려는 현실이 되고, 그 사실은 처절하도록 그녀의 삶을 패대기쳤다.

두 아들의 건사로 부부는 서서히 지쳐갔다. 어느 때부터 슬슬 밖으로 돌던 남편은 집을 나가버렸다. 자식의 장애 앞에 무너진 가장(家長). 그가 생각한 최선의 선택이 가족을 버리는 것이었을까. 지금까지 소식 없는 남편에 대하여는 더 이상 입을 열지 않는 그녀. 두 아들은 고스란히 그녀가 지고 가야할 등짐이 되었다. 온전치 못한 생명이었지만 그녀에겐 더할 수 없이 소중한 존재들이었다. 누구 하나 도와주는 사람 없이 성하지 않은 두 아들을 데리고 살아 온 한 여자의 기구한 운명. 구구절절 말하지 않아도 어찌 그녀가 겪었을 신산한 삶을 짐작 못하랴.

두 해 전에 큰아들이 죽었다. 사람구실 못하는 자식 잘 갔다 싶으면서도 기대고 있던 벽이 무너지는 듯했다. 그 뒤로 여자의 몸과 마음은 허공에 놓인 다리처럼 쿨렁거린다. 시도 때도 없이 가슴 안에 파도가 일어난다. 고단한 섬이 된 여자는 하루에도 수없이 바다 밑으로 가라앉고 싶다.

"저 아이랑 같이 죽고 싶지만…."

그녀의 눈에 형언할 수 없는 그림자가 지나간다. K는 우리의 이야기가 지루 했는지 등을 잔뜩 구부린 채 잠이 들었다.

"내가 별 소릴 다 했심더. 처음 본 선생님한테…."

가슴이 먹먹해진 나는 한참이나 그녀의 손을 잡고 아무 말도 하지 못했다. 사람은 태어날 때 누구나 그만의 짐을 지고 온다. 가볍고 무거움의 차이는 있겠지만 그냥 공(空)으로 살아지는 삶은 없다. 그녀에게 무슨 위로의 말이 필요할까. 누가 그녀의 무거운 짐을 들어주랴. 이제 누에는 적막한 자기 안의 세계로 들어가 미동도 하지 않는다.

덕분입니다

장애자의 날에 우리 교회가 청와대 초청을 받았답니다. 갈 수 있는 인원을 확인하는데 당연히 간다고 말했죠. 저 같은 사람이 이럴 때 아니면 어찌 그런 곳을 가볼 수 있겠습니까.

제 옆에 앉은 Y는 아주 잘생겼어요. 피부가 희고 키도 멀쑴하니 커요. 그냥 가만히 있으면 아무도 그 아이가 장애아인지 모르지요. 그렇지만 어디 잠시라도 가만히 있나요? 그 아이들은 저마다 특징이 있습니다. Y는 잠시도 손가락을 가만히 있지 못합니다. 유리창을 긁는다거나 의자 모서리를 톡톡 친다거나, 옆에 앉은 사람의 손등도 손가락으로 계속 문질러요. 처음엔 버릇이려니 했지만, 빤히 쳐다보며 계속해서 그러니 민망한 생각이 들더라고요.

청와대 안의 녹지원에서 그만 Y의 손을 놓치고 말았어요. 정말 순식간에 Y는 잔디밭을 가로질러서 달리기 시작했어요. 여기저기 서 있던 경호원들이 재빨리 Y를 뒤쫓았습니다. 생각해보세요. 제가 얼마나 놀라고 당황했겠습니까. 그곳이 어딘지, 어떤 장소인지 모르는 아이들은 잡은 팔을 비틀며 달아나려고 하고. 어떤 아이는 꺽꺽 괴성을 질러댑니다. 잔디밭만 보면 달리고 싶은 질주본능이 생기나봅니다.

Y의 어머니께 사진을 전송했습니다. 청와대를 배경으로 내가 Y의 팔짱을 낀 모습입니다. 금방 답이 왔습니다. 고맙다고, 덕분에 가족들이 오랜만에 외식을 하고 있는 중이라고. 갑자기 가슴이 찡했습니다. 한 순간도 눈을 뗄 수 없는 아들을 둔 Y 부모님에 대해서는 별로 생각하지 않았습니다. 장애 아이를 집에 혼자 두곤 불안해서 잠시라도 외출을 할 수 있겠습니까. 밖에 나가면 한시도 눈을 뗄 수 없거니와 주변의 시선 또한 만만치 않겠지요. 1박 2일이 그들 부부에겐 얼마나 귀한 시간이겠습니까. 나는 겨우 하루 그 아이를 따라 다녔는데 등줄기가 뻣뻣합니다. 하루 보호자 노릇이 이렇듯 힘들다니요.

언젠가 장애아들을 인솔하고 한라산 등정을 한 기사를 읽었습니다. 그 힘든 과정을 진행했을 누군가가 위대하게 생각

되었습니다. 흔히 사람들은 말하죠. 불편한 몸으로 집안에 가만히 있지 뭣 하러 다니느냐고요. 그럴 때마다 반감이 생깁니다. 그 아이들의 입장에서 보면 얼마나 하고 싶은 일도, 가고 싶은 곳도 많겠습니까.

다음 날은 비가 왔습니다. 우리는 에버랜드로 갔습니다. 비닐 비옷을 입고 많은 곳을 구경했습니다. 이제 Y는 제 말을 잘 듣습니다. 고분고분 꽃밭 앞에서 사진을 찍을 때도, 비를 맞으며 재주를 부리는 곰을 볼 때도, 제 뒤만 졸졸 따라옵니다.

가끔 핸드폰 안에 저장된 사진을 봅니다. 고개를 갸우뚱하며 웃고 있는 사진 속의 Y. 그 웃음이 얼마나 해맑은지요. Y는 요즘 절 보아도 알은체를 하지 않습니다. 정말 모르는지 알면서도 모르는 척하는 건지 도통 그 속을 알 수 없습니다. 뭐 어떻습니까. 나는 그냥 Y를 보면 웃어줍니다.

열세 살 인생

'요즘 아이들이란…' 말을 어른들은 곧잘 한다. 조선시대 때도 '요즘 아이들은 버르장머리가 없고 예의가 없다'고 했으니 지금의 세상을 보면 뭐라고 할는지 궁금하다. 부모 공경과 형제간의 우애를 인간교육의 최우선에 두었던 예전과 지금은 다르다. 인성교육보다는 자식의 비위를 맞추며 학업에 비중을 두고 키우다보니 이기적이고 버릇이 없다.

내가 어릴 적 주변엔 부모나 형제를 위하여 자기를 희생하는 아이들이 많았다. 아버지 눈을 뜨게 하려고 팔려간 심청이 같은 자식이 내 주변에도 있었던 것이다. 지금 아이들은 자기밖엔 모른다. 크면 거저 큰 줄 알고 부모가 가난하면 자식도 돌아서는 인심이다. '버르장머릴 고친다'고 벌을 세우고 매를 들었다간 어떤 봉변을 당할지 알 수 없는 세상이다.

　내가 열세 살이 되던 해, 나는 중학교에 입학을 했다. 뒷집에 살던 옥자는 서울로 식모살이 떠났다. 가난한 집의 큰딸이었던 아이는 자신의 모든 꿈을 접었다. 겨우 열 몇 살의 아이가 스스로 그런 선택을 할 수 있었을까. 주위의 눈치와 분위기가 그렇게 하지 않을 수 없게 했을 것이다. 옥자 또한 그것을 자기희생이라고 생각하지 않았다.
　옥자네 집은 식구가 많았다. 늘 약을 달고 사는 할머니와 다리가 불편한 아버지, 오빠, 밑으로 여동생이 네 명이나 되었다. 옥자 오빠는 키가 크고 잘 생겼으며 공부도 썩 잘하였다. 그런 오빠를 옥자는 무척 자랑스러워했고, 오빠를 위해서라면 그깟 식모살이쯤 아무것도 아니라고 생각하는 듯했다. 우리 마을에 한 명 밖에 없는 고등학생 오빠를 둔 옥자가 나는 가끔 부럽기도 하였다.
　"꼬맹아, 타."
　어느 날 아침, 옥자오빠가 자전거를 세우더니 타라고 했다. 엄마가 아침마다 시내까지 태워다 달라는 부탁을 했던 터라, 꼬맹이라는 말이 거슬리긴 했지만 어쩔 수 없었다. 오빠는 자전거 뒤에다 나를 태웠다. 그때 처음으로 자전거를 탔다. 자갈 깔린 신작로를 달리는 자전거의 뒷좌석은 얼마나 엉덩이를 아프게 하던지. 오르막을 오를 때면, 씩씩거리는 숨소리에 미안한 마음이 들어 용이 쓰였다.

옥자는 매월 조금씩 돈을 보냈다. 그것은 오빠의 등록금이 되고, 비료 값이 되고 송아지를 사는 근간이 되었다. 옥자네 집에 막 코뚜레를 낀 소가 들어오던 날, 옥자 엄마는 울어서 눈이 퉁퉁 부었다. 고생하는 딸 생각에 연신 코를 풀었다. 옥자 엄마에게 소는 가축 그 이상이었다. 딸에게 이듯 소에게 정성을 쏟았다.

그때 오빠가 자전거에 태우고 다닌 건 내가 아니라 옥자였는지 모른다. 객지에서 남의 집살이 하는 동생이 가여워서 앞집 아이를 동생인 듯 예뻐했던 게 아니었을까. 오빠가 없던 나는 친절한 그가 너무 좋았다. 가끔은 친구의 자리를 빼앗은 느낌이 들기도 했다.

어느 날 오빠가 읽는 책을 보게 되었다.『적과 흑』그때까지 동화책만 읽고『괴도 루팡』에 빠져있던 나는 그런 제목의 책이 궁금하였다. 학교도서관에서 그 책을 찾았다. 서너 장 읽다가 재미가 없어서 읽는 걸 그만두었다. 오빠처럼 고등학생이 되면 읽으리라고 생각했다. 제목만 본 세계문학과의 첫 만남이었다.

오빠는 가끔 핸들을 흔들며 장난을 쳤다. 그럴 때면 놀라서 허리를 껴안았다. 왜 나는 그때 얼굴이 붉어지고 가슴이 두근거렸을까. 그 순간 그의 숨소리가 더 커진다고 여긴 건 착각이었을까. 바람이 불 때면 그 핑계로 등 뒤에 착 달라붙은 거. 그의 교복 등판에다 몰래 낙서를 한 거. 가끔은 삐져서 굳이 걸어가겠다고 고집을 부린 거. 그것은 열세 살의 아이가 처음 느낀 감정의 동요였다.

하루는 오빠가 내 곁을 휙 스치고 지나갔다. 저만치 가더니 자전거에서 내려 고등학생인 언니랑 나란히 걸어가는 게 아닌가. 그 언니는 하얀 피부에, 웃으면 보조개가 살짝 들어갔고 세라복은 늘 단정했다. 그녀는 오빠랑 얘기를 하는 동안 수줍은 듯 손으로 입을 가리며 호호 웃었고, 그런 모습을 지켜보는 나는 가슴이 오그라드는 것 같았다. 그때의 감정이 '질투'라는 것을 나는 한참 후에야 알았다. 오빠는 나보다 그 언니에게 더 다정하게 굴었다. 나는 바람 빠진 풍선처럼 후줄근해져서 애꿎은 돌멩이만 걷어차며 학교를 다녔다.

오빠는 늘 변함없이 친절했다. 하루는 오빠가 내 통지표를 보고 있었다. 물론 엄마가 보여준 거였다. 수학이 안타깝게도 평균점수를 다 깎아먹었다. 가끔 오빠가 수학문제를 풀어주었다. 엄마는 그게 고마워서 맛있는 것이라도 생기면 오빠를 챙겼다. 그즈음 나는 슬슬 오빠를 피하기 시작했다. 예사롭지 않은 오빠를 향한 내 감정을 들키고 싶지 않았다. 그리고 그런 마음을 누구도 알아선 안 될 것 같았다. 내 최초의 좌절과 상실감은 실연의 아픔이었고 그 사실은 나를 아프게 하였다.

'꼬맹이 시절'을 마감하는 사건이 생겼다. 2학년이 되었던 어느 봄날 예고 없이 초경이 찾아왔다. 그 비밀함은 조금씩 나를 철들게 했다. 그 무렵 엉뚱하게도 마을 언니들이 읽는 소설을 접하였다. 대중소설, 명랑소설, 무협지를 닥치는 대로 읽었다. 누군가를 잃은 자리를 그렇게 채워나갔다. 그때 이광수의 「무정」과 「유정」을 읽으며 문학에 눈을 뜨기 시작했다. 학교를 오고가는 시골 길은 책을 읽으며 다니기에 불편하지 않았다. 김유정, 현진건의 단편소설을 읽으면서 막연하게나마 문학을 동경하기 시작한 것도 그즈음이었다.

중학교 졸업 무렵, 우리 집은 시내로 이사를 했다. 그곳을 떠남은 내 유년기와 사춘기를 결별하는 전환기가 되었다. 봄날 들녘의 아지랑이도, 소나기가 그친 뒤 물안개가 피어오르던 여름날 풍경하고도 이별했다. 소월과 영랑의 시를 읽으며 걸어 다녔던 긴 방천 둑과도 헤어졌다. 그 모든 것들과의 이별 속에 그도 있었다.

짚단 썰매

어릴 적 기억 속에 유독 고요한 아침이 있습니다. 귀가 멍하면서 물 밑으로 몸이 가라앉는 그런 고요입니다. 방문 앞에 누군가 가만히 서 있는 느낌의 정체는 밤새도록 내린 눈입니다. 밤사이에 어쩜 세상이 그토록 새하얗게 바뀔 수 있는지요.

눈이 내린 날 아침은 웬일인지 슬펐습니다. 그 느낌의 입자는 눈물 머금은 고요였던 거 같습니다. 그러나 슬픔은 오래 가지 않습니다. 어른들이 마당의 눈을 쓸고 골목을 치울 때, 아이들은 신이 나서 천방지축 뛰어다닙니다. 그러다가 누군가의 신호에 동네아이들이 제 키보다 더 큰 짚단을 옆구리에 끼고 뒷산을 오릅니다.

아이들은 아무도 밟지 않은 숫눈 위에 서로 발자국을 찍으려고 잰걸음을 합니다. 마을은 동화 속에 나오는 그림만 같습니다. 꼭대기 못 미처 커다란 묏등이 있습니다. 아이들의 놀이터입니다. 이제 짚단은 하늘을 가르는 요술 빗자루가 됩니다.

묏등에 올라간 아이들은 짚단을 엉덩이에 깔고 밑으로 주르륵 미끄러지기 시작합니다. 멀리 신작로며 냇물, 넓은 들, 동네 입구의 정자나무, 향나무 울타리가 있는 우물, 이마를 맞댄 고만고만한 초가지붕들 위로 아이들의 고함소리가 퍼져나갑니다.

세상에서 가장 신나는 놀이가 시작됩니다.

짚단이 수세미가 될 때까지 아이들은 지치도록 짚단 썰매를 타고 놉니다. 초가지붕 위로 저녁연기가 피어오르고, 마을은 저녁 이내에 휩싸입니다. 그때쯤엔 여기저기서 아이들을 부르는 소리가 들립니다. 아이들은 짚단을 눈 속에 처박아두고 집으로 돌아갑니다.

손발이 꽁꽁 얼고, 엉덩이가 축축해진 채 집으로 들어가면, 엄마는 정지에서 불을 때다말고 뛰어나와 야단을 칩니다.

"아이고 꼬라지가 이게 뭐꼬?"

부엌 안은 뜸이 드는 밥 냄새가 구수하고 노란 양은 냄비

에선 된장국물이 넘칩니다. 나는 아궁이 앞에서 불을 쬡니다. 아궁이 열을 받은 내 옷에선 김이 솔솔 납니다.

  그 저녁 호롱불 밑에서 엄마는 내 해진 바지를 깁고, 나는 꿈나라에 가서도 썰매를 타느라 낑낑거리곤 했습니다. 아름다운 시절이었습니다. 내게도 그럴 때가 있었답니다.

염소를 모는 아이

 텔레비전에서 눈을 뗄 수가 없다. 섬 안에 놓아기르는 염소들이다. 해풍을 맞으며 절벽을 타는 염소가 혹시 발을 헛디딜까 마음이 쓰인다. 내가 유일하게 정을 갖고 키워본 동물, 내 어린 날의 기억 속에는 늘 염소가 등장한다. 스크린의 영상처럼 스쳐가는 어린 날 기억 속의 삽화를 떠올려 본다.
 친구들이 냇물에서 물장구를 치며 놀 때, 나는 뒷산으로 올라간다. 엄마는 염소를 몰고 가서 풀을 뜯기고 오라 한다. 염소는 풀을 뜯고 나는 혼자 할 수 있는 놀이를 찾는다. 돌멩이도 쌓고, 꼬챙이로 그림도 그린다. 아카시아 잎으로 월 화 수 목 금 토 일 놀이도 한다. '일' 하고 찍힌 잎은 떼어낸다. 엄마는 해가 지면 내려오라고 했는데 해는 아직 머리 위에서 쨍쨍하다.

 산은 전망대다. 온 동네가 다 내려다보인다. 멀리 냇물도 보이고 신작로도 보인다. 신작로 위로 먼지를 일으키며 자동차가 가끔씩 지나가고, 소달구지가 개미처럼 기어가는 것도 보인다. 나는 큰소리로 노래를 부른다. "산 위에서 부는 바람 시원한 바람~ 그 바람은 좋은 바람 고마운 바람~" 누가 듣는 것도 아닌데 부끄럽다.

 산속은 풀잎 속을 뛰어다니는 방아깨비 숨소리가 들릴 만큼 고요하다. 구름은 연신 흐르다가 사라지고 염소도 선 채로 졸고 있다. 풀줄기를 뽑아 풀각시를 만든다. 옥자랑 같이 오면 심심하지 않은데, 냇물에서 물똥싸움하는 게 더 재미있다며 따라오지 않는다. 개미집에서 눈곱만한 개미들이 줄을 지어 나온다. 개미집 앞에다 오줌을 눈다. 개미들이 놀라서 생난리다. 엄마가 안 봐서 천만다행이다.

 토끼풀이 소복소복 꽃을 피운 곳에 쇠똥 덩어리가 떡하니 자리하고 있다. 쇠똥을 들추면 그 아래 쇠똥구리란 놈이 잠을 자기도 하고, 놀라서 기겁을 하고 똥 속에 머리를 처박기도 한다. 쇠똥구리는 제 몸뚱이보다 더 크게 똥을 뭉쳐서 굴리고 간다. 쇠똥 속에 알을 낳아 키운다. 쇠똥이 집이다.

 염소 배가 볼록하다. 내가 염소에게 풀을 많이 먹여서 배가 부른 것 같다. 그런데 엄마는 내가 염소 꼴 뜯기는게 성에 차지 않는 모양이다. 낫을 들고 꼴을 베러간다. 염소를 신주단지 모시듯 한다.

"엄마는 염소가 그리 이뿌나?"

"그라모. 네가 젤로 이쁘고 그 다음이 염소다."

엄마는 염소가 새끼를 두 마리 낳을 거란다. 정말로 몇 밤 자고 나니 염소가 새끼를 두 마리 낳았다. 엄마는 모르는 게 없다. 뱃속에 어째 두 마리가 들어있었는지 알았을꼬.

이웃 여자들이 염소 새끼 구경한다고 우르르 몰려온다. 과부 집에 식구가 늘었다고 잔치를 벌이라고 야단이다. 엄마는 호박을 따다가 부침개를 부친다. 연방 웃는 엄마를 보니 나도 기분이 좋다.

"내한테는 소 한 마리보다 우리 염소가 더 크다."

엄마가 그렇게 말하는 게 이상하다. 암만 봐도 소가 염소보다 몇 배는 더 큰데 아무도 그걸 이상하게 여기지 않는 게 나는 더 이상하다. 뒷집 옥자네 할매는 입을 오물거리며 연신 "암~만 그렇고말고 소보다 더 크고말고." 한다. 참말로 눈들이 삔 거 아닌가.

이젠 어릴 적 기억도 가물가물하다. 이름만 불러주어도 가슴을 콩닥거리게 했던 옥자 오빠 얼굴도 기억나지 않는다. 어느 가난한 여인에게 염소가 소보다 컸던 의미도 알게 되고, 세상 이치를 조금씩 터득하다 보니 절벽 위의 염소처럼 살아가는 요령도 생긴다. 조마조마 바라보는 것은 보는 사람의 마음일 뿐, 염소는 아무것도 두려울 게 없어 보인다. 잡히면 그만. 사는 데까지 살아보는 것. 나도 염소와 별로 다를 게 없다.

김천 찍고

부산과 서울의 중간쯤에 김천이 있다. 그곳에서 나는 여학교를 다녔고 직장생활도 했다. 그 도시는 내게 늘 그리움을 불러온다. 아름다운 영상들로 머물러 있는 기억 저편에는 아직도 키 작은 내가 살고 있다.

서울은 부산에서 KTX를 타면 세 시간도 걸리지 않는다. 그렇지만 여전히 체감거리는 멀게만 느껴진다. 출가한 삼남매가 모두 서울에 보금자리를 틀고 있다 보니 심심찮게 갈 일이 생긴다. 시간을 다투는 급한 일이 아니면 김천까지 차표를 끊는다. 그곳에는 세상에서 오직 한 사람, 나를 낳아서 키워주고 사랑하는 엄마가 계신다. 엄마가 해 주는 뜨신 밥을 먹고 하룻밤을 묵는다. 다음날 길을 나서면 힘들지도 않고 지루하지도 않다. 부산으로 올 때도 마찬가지다.

　김천은 작은 도시다. 예전이나 지금이나 크게 달라진 것이 없다. 시청이 자리를 옮기면서 도시가 많이 확장되었지만, 내가 중 고등학교를 다녔던 모암동 길이나, 중앙시장, 황금동 굴다리는 여전하다. 남산병원 맞은편의 허술한 상가들은 40년 전이나 지금이나 변하지 않았다. 5, 6년 직장생활을 한 **빨간 벽돌**의 우체국도 그 자리에서 나처럼 낡아가고 있다.

　기차가 덜컹거리며 감천다리 위를 지나갈 때면 고개를 쭉 빼고 밖을 내다본다. 세일러복을 단정하게 입은 소녀가 자주색 책가방을 들고 오고가던 길이 보인다. 감천면(面) 쪽으로 바라보이는 길 끝에 은수네 과수원이 있고, 수양버들이 냇물에 발을 담그고 있는 오솔길을 지나서 조금만 가면 오리나 되는 긴 방천이 있다.

　지금도 눈만 감으면 방천 너머에 흐르는 냇물과, 먼 산 밑으로 드문드문 마을을 끼고 있는 본답(本畓). 들 가운데로 바둑판처럼 나있는 들길이 보인다. 그 들길 가운데서 만난 여름날의 소나기, 서릿발을 서걱거리며 걷던 겨울 아침의 찬 공기. 기차가 지나가기를 기다리며 서 있던 남학생들의 긴 자전거 행렬이 떠오른다.

　김천은 전국에서 자전거도시로 유명하다. 남자학교에는 수

백 대의 자전거가 빼곡하니 서 있어 진풍경을 이룬다. 학교가 멀던 가깝던 자전거가 통학수단이다. 지금은 어떤지 모르지만 예전에는 집집마다 자전거 한 대씩은 다 있었다. 내가 유일하게 탈 수 있는 자전거도 김천에서 살았기 때문이다.

김천은 오일장(場)으로 유명한 곳이다. 우(牛)시장으로 명성을 날렸던 곳이다. 요즘은 어느 곳에나 대형마트가 있고, 농사일에 필요하여 소를 키우는 사람도 없다. 명성을 잃어가고는 있지만 그래도 5일 간격으로 장(場)이 선다.

어머니는 장날이면 장터를 서성거리신다. 아주 먼 기억의 어느 한때를 잊지 못하여서인 것 같다. 하얀 옥양목 버선에 코고무신을 신은 젊은 여인의 모습을 찾고 싶은 것이다. 그 시절 엄마는 달걀을 광주리에 싸거나, 손수 가꾼 가지, 옥수수, 우엉 같은 걸 장터에 이고 가서 팔았다. 그 돈으로 재봉실도 사고, 옷감도 끊어왔다. 까만 운동화에 흰색 줄이 선명했던 내 신발은 늘 한 치수 큰 걸 사와서 걸을 때마다 조금씩 헐떡거렸었다.

부산에 와서 얼마 되지 않았을 땐, 김천이란 글자만 봐도 반가웠다. 길을 가다가 김천철물이니 쌀집 같은 간판을 본다. 그럴 때면 그곳에 친인척이라도 살고 있는 착각에 빠진다. 김천 사람들은 말씨가 순하다. '어디 가니'가 아니고 '어디 가여'다. '그래요'가 아니라 '그래여'다. 내가 똑 부러지지 않고 물러터진 건 김천의 그 어정쩡한 말씨 탓이기도 하다.

아들은 서울에서 일 관계로 어쩌다 김천사람을 만나면 버릇처럼 "김고(高) 나왔어요?" 하고 묻는단다. '김고 14회 우리 아버지'로 통성명을 하다보면 단박에 아버지의 선배, 후배, 형님 아우로 줄이 만들어진다고 넉살을 떤다. 술이 취하면 집으로 전화를 거는 버릇도 애비를 꼭 닮았다.

문당동에는 시숙 어른 내외가 살고 있다. 뒷산 자락에는 정갈한 시부모님의 산소가 있다. 남편은 산소 보살피는 걸 신앙처럼 여긴다. 얼마 전엔 연장 보관용 캐비넷을 산소 옆에 보초처럼 세워두었다. 육남매의 막내로 온갖 사랑을 다 받고 자랐음을 은연중 벼슬인 양 자랑한다.

마을 앞에 대학과, 문화예술원, 종합운동장이 들어섰다. 주위가 변하는데 이곳이라고 다를 게 없다. 절대농지라던 논밭이 야금야금 주택지로 바뀌고 원룸과 빌라가 들어서며 마을의 분위기가 사뭇 달라지고 있다. 도시의 다른 쪽엔 골프장이 들어섰고, 혁신도시 자리엔 십여 개의 공공기관 건물이 쑥쑥 키를 높이는 중이다.

김천, 연기나는 공장이라곤 찾아볼 수 없어 맑고 깨끗한 도시. 내 젊은 한 시절의 기억들이 고스란히 남아서 언제든

두런두런 옛이야기를 들려주는 곳이다. 글의 행간에 '찍고' 같은 쉼표가 필요하듯, 내 삶의 여정에 쉼표 같은 곳이 김천이다. 언제까지 그곳이 내게 쉼표가 될 것인지, 그런 생각이 들 때마다 엄마 모습이 떠오른다. 김천은 내게 늘 그리운 엄마 같은 곳이다.

어느 날 도둑처럼

　요즘 통일이 화두다. 대통령의 '통일은 대박이다' 그 한마디로 신문도 방송도 통일통일통일한다. 통일, 언젠가는 해야 할 과제며 풀어야 할 숙제다. 대박은 큰 이익을 의미한다. 그렇다면 그에 상응하는 시간과 물질의 투자가 당연히 따라야 할 일. 통일의 합일점을 찾기까지 얼마나 많은 충돌과 분통과 인내와 눈물이 따를 것인가.
　어느 여론조사에서 통일에 대한 국민들의 관심을 세 가지로 묻는 것을 봤다. 1. 통일은 빨리 되어야 한다. 2. 통일을 서두를 필요는 없다. 3. 굳이 통일을 할 필요는 없다. 나는 1번을 선택한다. 분명 누군가는 왜? 하고 물을 것이다.
　간혹 달력을 보다가 황금연휴에 생각이 매달릴 때가 있다.

그럴 때는 머릿속으로 계획을 세워본다. 계획은 어디까지나 생각이지 실행은 아니다. 올해 오월은 그동안 맘속으로만 계획했던 것을 실행에 옮기기로 작정한다. 가족들이 다 모여 아버지께로 가 인사하는 것. 아버지가 남기고 간 흔적 하나가 그동안 얼마나 많은 꽃을 피우고 열매를 맺었는지를 꼭 보여드려야 할 것 같아서다.

약속한 오후 1시가 지나가고 있다. 남편은 자주 시계를 쳐다본다. 서울에서 10시쯤에 삼 남매가 비슷하게 출발한 모양이다. 넉넉하게 잡고 나왔는데도 연휴라서 그런지 차가 막힌다고 변명들이다. 내비게이션이 있으니 제대로 잘 찾아올 거라며 남편의 초조함을 달랜다. 어머니도 차 안에서 연신 입구 쪽을 바라본다.

대전 현충원 안 116묘역. 햇볕은 따사롭고 바람은 부드럽다. 정갈하니 잘 가꾼 잔디 위로 하얗게 줄지어선 비석들 위로 은총 같은 햇살이 눈부시다. 휴일을 맞아선지 묘지를 찾은 사람들이 많다. 소풍이라도 온 듯 음식을 펴놓고 먹는 사람들, 우리처럼 할머니를 가운데 두고 사진을 찍는 사람들. 하얗게 핀 산목련꽃이 미망인의 모습처럼 처연하다.

나는 아버지의 비석을 닦고 빛이 바랜 조화를 새 꽃으로 바꾼다. 남편은 비석 앞에 가져온 음식들을 차린다. 그냥 기도만 올리면 될 것을 싶지만 정성이려니 생각하고 말리지 않는다. 남편과, 아들, 두 사위가 술을 한 잔씩 올린다. 어머니는 멀찌감치 앉아서 그런 모습을 지켜본다. 나는 명치끝이 아릿하다. 진작 아이들을 데리고 왔어야 하는 것을, 마음속으로 몇 번이고 용서를 구한다.

비석에 미망인들의 이름이 새겨지고 있다. 남편을 나라에 바치고 오롯이 자신을 희생한 아내들만이 올 수 있는 자리다. 청춘에 헤어진 남편을 죽어서야 만나 함께 묻히다니, 머지않아 어머니도 아버지 이름자 옆에 이름을 올릴 것이다. 그때는 지금보다 더 자주 이곳을 찾게 될 것이다.

아버지는 휴전협정 보름을 남기고 금화지구에서 전사했다. 전쟁의 막바지에서 싸움은 치열했고 전사자가 수없이 많아 유골을 수습하지 못했다고 한다.

두해 전 보건소에서 시료채취를 하여 국방부로 보냈다. 얼마 후 국방부의 유해발굴단에서 편지가 왔다. 발굴된 유해 중에 나와 맞는 DNA는 없으며 계속 유해를 발굴하고 있으니 기다리라는 내용이었다. 내 생각에 금화지구는 비무장지대쯤으로 생각된다. 유해발굴을 시작한 지가 제법 오래되었다. 아직도 찾지 못한 유해는 북한 땅에 많이 묻혀 있을 것이다. 내가 빨리 통일이 되기를 바라는 이유가 여기에 있다.

화창하던 날씨가 오후가 되니 흐려진다. 비를 머금은 바람이 불기 시작한다. 딸들과 며느리는 아이들을 데리고 서둘러 차가 있는 곳으로 달려간다. 나는 다시 아버지 비석 앞에 선다. 철없던 때, 나는 아버질 많이 원망했다. 엄마의 불행과 내 설움의 근원이 아버지에게서 비롯되었다는 생각 때문이었다. 그런데 지금은 나도 나이가 든 탓인지 한 사람의 남자로 아버지를 생각하게 된다. 죽는 게 억울하고 서러워 가슴을 치며 울었을 사람은 정작 아버지였을 것이다.

스물여섯 살의 풋풋한 나이에 전쟁의 이슬로 생을 마감한 남자. 앳된 아내와 어린 딸을 남겨놓고 숨을 거둘 때 눈이라도 제대로 감았을까. 자신의 꿈 한 번 펼쳐보지 못하고, 자식의 재롱 한 번 보지 못하고 돌아간 내 불쌍한 아버지. 다 잃어버리고 이름만 남은 비석을 어루만지며 비로소 나는 뜨거운 눈물을 삼킨다.

내 무의식 속에 가라앉아 있는 슬픔의 쓴 뿌리. 한때는 원망했고, 아파했고, 그리워했던 이름 앞에 고개를 숙인다. 그리고 그 앞에서 기도한다. 통일은 어느 날 도둑처럼 올 것이고, 그리되면 당신의 유골을 찾아 이곳에 편히 모실 거라고. 그러니 그날이 어서 빨리 오게 해달라고.

　기어이 하늘은 비를 뿌린다. 어서 그만 가라고 아버지가 등을 떠민다. 아이들이 차 안에서 빨리 오라고 손짓을 한다.

송연희 수필집 따뜻한 그늘

1판 1쇄 인쇄/ 2014년 6월 12일
1판 1쇄 발행/ 2014년 6월 20일

지은이 / 송 연 희
펴낸이 / 우 희 정
펴낸곳 / 도서출판 소소리

등록 / 제300-2007-21호
주소 110-521 서울 종로구 명륜동 1가 33-90 경주이씨중앙회빌딩 302-1호
전화 / 765-5663, 766-5663(Fax) e-mail : sosori39@hanmail.net
www.sosori.net

값 10,000 원

*잘못된 책은 바꿔드립니다.

ISBN 978-89-97294-67-1   03810

*본 도서는 부산문화재단 2014년 지역문화예술육성지원사업의 일부 지원으로 제작되었습니다.